英会話が100倍楽しく上達!!

ネイティブ表現が身につく英会話

YouTubeでも音声が聞ける

by
Kristen J. Lowndes
クリステン・J・ラウンズ
&
Kazuko Terao　Emiko Terasawa
寺尾 和子・寺澤 恵美子

MP メディカル パースペクティブス

Mother or Mum / Mom？ Father or Dad？
『母』はイギリス英語でもアメリカ英語でも "Mother"、『父』は "Father" ですが、日常会話では "Mum / Mom"、"Dad" がよく使われます。"Mummy/Mommy" "Daddy" は幼児語です。

Mum or Mom？
・アメリカ人は一般的に "Mom"
・イギリス人は一般的に "Mum"（地域により "Mam" もしくは "Mom"）
・カナダ人は地域により　"Mum" もしくは "Mom"
・オーストラリア人は一般的に "Mum"

ただし、"Mummy" は『ミイラ』の意味もありますので、注意が必要です。

はじめに
― 英会話の上達を目指す方に ―

　読み書きはある程度できるけど、英会話はちょっと苦手、という日本人は多いと思います。基礎的な英文法は知っているのに、リスニング（聴き取り）力、コミュニケーション力、表現力が今一つ、その上、間違わないようあまりにも意識しすぎるために話せなくなってしまうという方が多いのではないでしょうか。

　英会話上達のためにはさまざまな方法が提唱されています。それらの中から、自分が置かれている環境で実行できることを、毎日継続してやることが重要と考えます。生活の中で常に英語を意識すること、そして『英語的な思考法』『ネイティブの発想法』を身につけて行くことが目標へ近づく一歩と考えます。

　このような考えのもと、本書ではネイティブ家族の日常会話に焦点を当て、関連した表現やニュアンスの違いなどについて掘り下げてみました。主な登場人物はやんちゃな４歳の男の子、聡明な８歳のお姉ちゃん、サラリーマンのパパ、そして、陽気なママの『おしゃべり大好き』４人家族です。

　ネイティブの自然な会話に親しみ、より深く理解して、英語をもっと好きになっていただきたいという願いを込めて、愉快で楽しいイラストを満載し、飽きずに継続できるよう、目にも楽しい絵本タッチに仕上げることに尽力しました。また、英語をより深く、より広く学びたい方のために、ボキャブラリー・ビルディングの充実にも心がけました。

　YouTubeの音声はアメリカ人によるものです。いつでも何回でも繰り返しお聞きいただければと思います。

　本書によって読者の方々が今まで以上に『英語って楽しいね！』『英語大好き！』と感じてくださるならば、また、本書が目標達成に少しでもお役に立てるならば、著者としてこれ以上の喜びはありません。

著者一同

本書の使い方 および 構成

第5章 Things To Do Before Going To Bed　　　　　　　　　　　　　　　　　　　　　　　　　　[3] Taking a b

[3] Taking a bath　　　　　　　　　　　　　　　　　　　　　　　　　　　　　　　　　お風呂に入る

- : Mommy, can you run a bath for us, a hot one, please?
  ママ、お風呂の用意をしてくれる？ 熱いのお願いね。
- : The bath is ready!
  お風呂の準備ができたわよ！
- : Let's take a bath!
  We've had a long hard day today.
  さあ、お風呂に入ろう！
  今日は長い大変な一日だったね。
- : I want to get in with Daddy.
  僕、パパと一緒に入りたい。
- : OK, Mark. Can you take your clothes off on your own?
  いいよ、マーク。自分で洋服は脱げるかな？
- : Help me, Mommy!
  ママ、手伝って！
- : Let's unbutton it.
  You can do it, can't you?
  ボタンを外そうね。
  自分でできるよね？

- : Mark, let me wash your hair.
  Put on this shampoo hat, and close your eyes.
  マーク、髪を洗ってあげるよ。
  このシャンプーハットをかぶって、目を閉じてごらん。
- : Daddy, my eyes sting!
  パパ、目がしみて痛いよ！
- : Oh, no! Don't rub!
  Quick, wash your eyes with tap water.
  しまった！こすらないで！ 急いで水で洗ってごらん。

"Nothing is better than taking a relaxing bath at the end of a tiring day!"
『疲れた一日の終わりはお風呂でリラックスするのが一番だね！』

---

run a bath, the bath is ready, take a bath ➡ p88 ㊷ お風呂に関連する表現
unbutton ボタンをはずす ➡ p19 ④『洋服を着る』に関連する表現

sting 刺す、ちくちく痛む、ヒリヒリする
➡ p89 ㊸『目にしみる』
rub こする、なでる、さする（scrub ゴシゴシこする、こすって落とす）

86

---

① 会話 Dialogue
ショートストーリー風にテーマ毎に短めに完結していますので、目次を見て、興味のある話題から読み始めていただいても結構です。

② 脚注 Footnotes
用語の意味や簡単な解説、イギリス英語とアメリカ英語の違いなど。

③ ボキャブラリー・ビルディング
より多くを学びたい方のために、その章に出てきた言葉に関連した英語表現などを掲載。

④ **Coffee Break**
ホッと一息、ひと休み（やる気を再起！）

⑤ **音声：YouTube（会話）**
ネイティブの音声の確認およびヒアリング力向上のため、何度でも繰返しご活用いただけます。

〈音声QRコード〉

目 次

はじめに ·· 3
本書の使い方および構成 ··· 4

第1章 Crazy Morning! 朝は大忙し！ ··············· 11
[1] It's time to get up! 起きる時間よ！ ································ 12
[2] We're running out of time! もう時間がないよ！ ············ 16
[3] Wash your face, brush your teeth! 顔を洗って、歯を磨いて！ ······ 24

第2章 At Mealtimes 食事の時に ···················· 29
[1] Breakfast is ready! 朝ごはんよ！ ·································· 30
[2] I can't eat anymore! もう食べられないよ！ ··················· 34
[3] Wash your hands after school. 学校から帰ったら手を洗って！ ······ 38

第3章 Let's Play Inside The House!
お家の中で遊ぼう！ ····························· 45
[1] Let's play "Rock, Paper, Scissors"! じゃんけんしよう！ ········· 46
[2] How about playing "word chain"? 「しりとり」で遊ばない？ ······ 52
[3] Playing video games ビデオゲームで遊ぶ ······················ 56

第4章 Let's Play Outside! 外で遊ぼう！ ············· 61
[1] Swimming – duckling award 水泳 —「アヒルの子」賞 ··········· 62
[2] Can I go on the swing? ブランコに乗っていい？ ············· 66
[3] I want to play "hide and seek"! 『かくれんぼ』したい！ ······· 72

第5章 Things To Do Before Going To Bed
寝る前にすること ································ 77
[1] Putting away toys おもちゃを片づける ························· 78
[2] Mark's tooth brushing マークの歯みがき ······················ 82
[3] Taking a bath お風呂に入る ··· 86

第6章 Bedtime Stories and Chats
寝る前の読みきかせとおしゃべり ………………… 91
- [1] Time for bed now　もう寝る時間よ ……………………… 92
- [2] Nightly chats before bed　寝る前のおしゃべり …………… 98
- [3] Bedtime reading to children　寝る前の読みきかせ ………… 104

第7章 Let's Be Careful！気をつけようね！ ………… 109
- [1] Pillow fight: Don't go too far!　枕投げ：度が過ぎないように！… 110
- [2] Tips for a safe bus ride　バスに乗るとき気をつけること ……… 116
- [3] Look right-left-right again　右を見て、左を見て、もう一度右を見て …… 120

第8章 Various Events　さまざまな行事 ……………… 125
- [1] Father's Day　父の日 …………………………………… 126
- [2] Teacher's home visit　先生の家庭訪問 …………………… 130
- [3] Going to London　ロンドンに行く ………………………… 134

補足 Appendix (1)『ほめる』『励ます』時の表現 ………………… 138

補足 Appendix (2)『注意する』『叱る』時の表現 ………………… 140

索引 …………………………………………………………… 142

Vocabulary Building 一覧 ………………………………………… 8

Coffee Break 一覧 ……………………………………………… 10

QRコードをスマホで読み込む方法

機種によって最初から QR コード読み取りアプリがインストールされているものや、インストールが必要なものがあります。QR コード読み取りアプリがない場合は下記からインストールできます。

● iPhone の場合：【App Store】　● Android の場合：【Google play】

Vocabulary Building 一覧

p14	①	『まだ起きてないの？』『まだ寝てないの？』
p14	②	『不機嫌になる／むくれる』
p15	③	alone, by myself, on my own のニュアンスの違い
p18	④	『洋服を着る』に関連する表現
p19	⑤	笑い方にもいろいろ
p20	⑥	『じっとして』
p20	⑦	『遅れる』
p21	⑧	『時間がない』
p21	⑨	『何時何分』の表現
p26	⑩	『もう少し小さな／大きな声で』『もう一度言って』
p26	⑪	『すごいね！／素晴らしいね！／半端ないって！』
p27	⑫	『急いで』
p32	⑬	『ご飯ですよ／おやつですよ』
p32	⑭	短縮形
p32	⑮	愛情を込めた呼び方
p33	⑯	食感を表す形容詞
p33	⑰	味を表す形容詞
p36	⑱	『曜日』『〜月〜日』『週』『時』と前置詞
p37	⑲	『〜はどのようにしたいですか？』
p37	⑳	『go+ 動詞』（動詞 2 つを続ける）
p40	㉑	『食べる』に関連する表現
p40	㉒	『十分に〜でない』
p40	㉓	『〜するにはあまりにも〜だ』
p48	㉔	『〜してもいい？』『〜してもよろしいですか？』
p49	㉕	『〜してくれる？』『〜していただけますか？』
p51	㉖	『"cheat"（自動詞と他動詞）』

p51	㉗	『お姉さん／お兄さん／妹／弟』
p54	㉘	『〜はどう？／〜はどうするの？／〜はいかが？』
p55	㉙	間投詞とあいづち
p58	㉚	『〜に飽きた／飽きてきた』
p58	㉛	『うんざりだ／飽き飽きだ』
p59	㉜	『できる限り〜』
p65	㉝	『〜する方法／〜のしかた』
p68	㉞	『ブランコで遊ぶ』
p68	㉟	『列に並ぶ』
p69	㊱	『交代する』
p70	㊲	天気関連の表現（「天気」は基本的に"it"）
p80	㊳	『もう終わった／まだ終わってない』
p80	㊴	さまざまなものを『片づける』
p81	㊵	『口先ばかりで行動なし』
p84	㊶	『上下、前後、左右、裏表』（対語）
p88	㊷	お風呂に関連する表現
p89	㊸	『目にしみる』
p94	㊹	"tuck in"の使い方
p102	㊺	歯に関連する表現
p106	㊻	『寝る』に関連する表現
p107	㊼	『わかった』『了解』
p112	㊽	"I'm sorry" の意味いろいろ
p112	㊾	『度を越している』『やり過ぎだ』
p113	㊿	『私の言っていることがわかりますか？』
p114	㉛	いろいろな意味の『強い』
p118	㉜	『時間に余裕をもって』

p119	㊾	『ギリギリの行動をする』（主に時間）
p119	㊹	『十分な時間／お金があるはず』
p122	㊺	『やってみよう／試してみよう』
p122	㊻	『〜がどうなるか様子をみよう』
p128	㊼	『もし〜だったら〜しただろう／〜できたのに』

Coffee Break 一覧

p22	"This Little Piggie Went To Market"
p23	キッズに人気の歌（欧米）
p37	玉子の調理法
p41	手をよく洗いましょう
p42	テーブルマナーいろいろ
p50	「じゃんけん」は日本が発祥地！
p64	浮くための道具や装置
p71	実際の天気予報ニュースの例
p74	『〜ごっこして遊ぼう／〜ごっこしよう』
p75	『だるまさんがころんだ』
p85	正しい歯のみがき方
p95	幼児語の『オシッコ』、『ウンチ』、『オナラ』ってどういうの？
p96	"I love you to the moon and back."
p101	歯の妖精（Tooth fairy）とは
p103	"share"の主な意味と使い方
p123	車の左側／右側通行を行っている国
p129	『もし私が〜だったら〜するだろう』
p132	Home Visit　家庭訪問
p136	人類、月に行く！

Chapter 1

〈音声QRコード〉

Crazy Morning !
朝は大忙し！

[1] It's time to get up!
   起きる時間よ！

[2] We're running out of time!
   もう時間がないよ！

[3] Wash your face, brush your teeth!
   顔を洗って、歯を磨いて！

〔覚えると便利なフレーズ〕

① Aren't you up yet?
   まだ起きてないの？

② I can do it on my own.
   自分でできるよ。

③ I can hear you well.
   よく聞こえてるわよ。

第1章　Crazy Morning!

[１] It's time to get up!

: Wakey, wakey, Sophia, Mark!
It's time to get up!
起きて、起きて、ソフィア、マーク！ 起きる時間よ！

: I'm still sleepy. 5 more minutes, please.
まだ眠いよ。あと5分お願い。

: Come on, Mark. Rise and shine!
Sophia, you too!
ダメよ、早く起きなさい、マーク！ ソフィア、あなたもよ。

: Mark, aren't you up yet?
マーク、まだ起きてないの？
Oh, not again. You need to get out of bed!
ほら、また、ダメよ。ベッドから出なくちゃ！

: I'm awake...
起きてるよ...

: Don't get grumpy.　Look, it's a lovely, beautiful morning!
むくれないの！ほら、素晴らしい朝よ！

---

rise and shine　語源は諸説ありますが、『早くベッドから出て、新しい日をスタートしなさい（朝よ、早く起きなさい）』という意味で、親が子供によく使います。
　　rise 立ち上がる、起き上がる　　shine 輝く、光る

Aren't you up yet?
　➡ p14 ①『まだ起きてないの？』『まだ寝てないの？』

get grumpy ➡ p14 ②『不機嫌になる／むくれる』

[1] It's time to get up!

起きる時間よ！

 : Take off your pajamas and get dressed. You can do it, can't you?
パジャマを脱いで、着替えなさい。自分でできるわよね？

 : I can do it on my own. (yawning)
自分でできるよ。(あくびしている)

"Aren't you up yet?"『まだ起きてないの？』
"Let me sleep five more minutes, please."『あと5分眠らせて、お願い。』

---

get dressed ➡ p18 ④『洋服を着る』に関連する表現
on my own ➡ p15 ③ "alone, by myself, on my own" のニュアンスの違い

Vocabulary Building

①『まだ起きてないの？』『まだ寝てないの？』

まだ起きてないの？
- Aren't you up yet?
- Aren't you awake yet?

> **wake up と get up の違い**
> wake up ＝ to stop sleeping and open your eyes
> 起きて目を開ける、目を覚ます
> get up ＝ to get out of bed
> 起きてベッドから出る

まだ寝てないの？
- Aren't you asleep yet?
- You haven't slept yet?
- Haven't you gone to sleep yet?

②『不機嫌になる／むくれる』
get grumpy/cranky/bad-tempered/get into a bad mood

"Why am I so grumpy today? I couldn't get enough sleep last night!"
『なぜ今日は機嫌が悪いのかって？　昨夜よく眠れなかったんだよ！』

[1] It's time to get up!

子どもが不機嫌なときによく使われるgrumpyとcranky

grumpy = having a bad temper, unhappy, dissatisfied
不機嫌な、不満な、気難しい
- John is grumpy because we didn't buy him the toy.
  そのおもちゃを買ってあげなかったので、ジョンは不機嫌だ。

cranky = ill-tempered, grouchy, cross
不機嫌な、むずかる、ぐずる（疲れている場合など）
- The kid was getting tired and a little cranky.
  その子は疲れてきてむずかりだした。

③ alone, by myself, on my own のニュアンスの違い

いずれも『ひとりで〜、ひとりだけで〜』の意味ですが、微妙にニュアンスが異なります。

alone	without other people around (sometimes sounds lonely) ひとりで（物理的にひとり、「寂しい」ニュアンスが含まれることもある）
by myself	without anyone's presence or help ひとりで（誰かの存在、もしくは、助けなしに）
on my own	without help from others (with an implication of independence, on one's own initiative) ひとりで（「独力で」の意味合いがより強く、自立的、主体的なニュアンスを含む）

A) ① I live alone. / ② I live by myself. / ③ I live on my own.
　①ひとりで住んでいます。（必ずしもそうとは限りませんが、微妙に「寂しい」ニュアンスが含まれます）
　②ひとりで住んでいます。（ほかに誰もいません）
　③ひとりで住んでいます。（「自立している」ニュアンスが含まれています）

B) ① I went swimming by myself. / ② I went swimming on my own.
　①ひとりで泳ぎに行きました。（誰とも一緒ではありませんでした。誰かを誘ったかどうかは不明）
　②ひとりで泳ぎに行きました。（「誰も誘わなかった」ニュアンスが微妙に含まれています）

(参考 Collins English Dictionary, 他)

第1章　Crazy Morning!

[2] We're running out of time!

 : You've got sleepy eyes!
眠そうな目をしてるね!

 : (yawn. あくびする。)

 : Big yawn! Do you want Mommy to help you get dressed?
大きなあくび！ ママに着替えを手伝ってほしいの？

 : Yes, yes！(smiling, half asleep)
うん、うん！(寝ぼけながら微笑んでる)

 : This time only, as we're running out of time today, OK? Promise?
今回だけよ、今日は時間がないから、
いいわね？ 約束よ？

 : OK, Mommy.
わかった、ママ。

We're running out of time. 時間が無くなってきた。
　➡ p20 ⑦『遅れる』、p21 ⑧『時間がない』
yawn あくびする／あくび （動詞も名詞も同形）
half asleep 半分寝ぼけて （ねぼけた顔で、ねぼけまなこで）

[2] We're running out of time!

もう時間がないよ！

 : (Mommy started to sing. ママが歌いだす。)

♫ **This little piggy went to market ～** ♫
♫ 子ブタちゃんがマーケットに行った～ ♫

♫ **This little piggy cried wee! wee! wee! ～** ♫
♫ 子ブタちゃんが泣いた、ヒー、ヒー、ヒー～ ♫

Put your arms up!
バンザイして！

 : Then, lift up your leg, and the other side, too!
今後は片足を上げて、反対側も！

 : It tickles, Mommy. (**chuckling**)
くすぐったいよ、ママ。(クスクス笑う)

 : **Stand still**, Mark. Now, it's finished!
じっとして、マーク。ほら、終わった！

"Stop yawning all the time! It's so contagious."
『あくびばかりするのやめてよ！　うつっちゃうんだよ』

"This Little Piggie Went To Market" ➡ p22 Coffee Break
put your arms up　両腕をあげて／バンザイして ➡ p18 ④『洋服を着る』に関連する表現
chuckle　くすくす笑う ➡ p19 ⑤『笑い方にもいろいろ』
stand still ➡ p20 ⑥『じっとして』

17

Vocabulary Building

④『洋服を着る』に関連する表現

両腕（両手）をあげる
put one's arms (hands) up / raise 〜 / lift 〜

- Arms up, Mark. (= both arms up)
  マーク、両腕をあげて（バンザイして）
- Put your hands over your head.
  両手を頭の上に置いてください。

> ＊授業で手を挙げる場合は "raise one's hand"
> ・Raise your hand if you know the answer to this question.
>   この質問の答えがわかる人は手をあげてください。

服を着る get dressed / put on （動作）

- You better go get dressed now so you won't be late.
  遅れないように今すぐ身支度したほうがいいよ。
- He is putting on a coat.
  彼は（今）コートを着ているところです。

〜を着ている　wear 〜 （身につけている状態）

- He wears a raincoat.
  彼はレーンコートを着ている。

> ＊put onやwearは、（ズボンを）はく、（帽子を）かぶる、などにも使われます。

着替える change / get changed

- When I come home I change my clothes.
  帰宅すると私は服を着替えます。
- You need to get changed.
  着替える必要があるよ。

服を脱ぐ get undressed / take off one's clothes

- He got undressed and jumped into a lukewarm bath.
  彼は服を脱いでぬるいお風呂に飛び込みました。
- I took my coat off, and put it on a hanger.
  私はコートを脱いでハンガーにかけました。

[2] We're running out of time!

腕を袖に通す
put one's arm(s) through the sleeve(s) （両腕の場合は "s"）
put one's arm in the sleeve

ボタンを掛ける／ボタンをはずす（パジャマ、コートなど）
button up / unbutton (one's pajama top, one's coat)

- Let's button up (your pajama top*).
  （パジャマの上着の）ボタンをかけようね

- Let's unbutton it.
  ボタンをはずそうね。

> *パジャマは常に複数形 pajamas ＝米語、pyjamas ＝英語
> pajama top パジャマの上着、ズボンはpajama bottoms / pants / trousers

⑤ 笑い方にもいろいろ

くすくす笑う	chuckle
大きな声を出して笑う	laugh
えへへ、うふふ（と笑う）	giggle
ニヤニヤする（声を出さずにニタリとする）	grin
微笑む（声を出さずににっこりする）	smile

"What should I wear today?"
『今日は何を着ればいいかな？』

Vocabulary Building

⑥『じっとして』

stay still / be still / hold still

stand still じっと立つ / sit still じっと座る / don't move 動かないで
- Be still (hold still) for a moment, please.
  少しの間、動かないでくださいね。
- Don't move (Hold still / Freeze) or I'll shoot (you)!
  動くな、さもないと撃つぞ!

⑦『遅れる』

be late (for 〜)

遅れてごめんなさい。
- I'm sorry I'm late.

彼は会社に遅刻した。
- He was late for work.

どうして遅刻したの?
- Why were you late?
  I was stuck in traffic. 渋滞に巻き込まれたんです。
  I overslept. 寝過ごしちゃったんです。

学校／授業／仕事に遅刻しないように。
- Don't be late for school/class/work.

もしかしたら学校に5分くらい遅れるかもしれない。
- I might be about 5 minutes late for school.

> *might vs may：might は may よりも起こる可能性がさらに低く、「たぶん、おそらく」のニュアンスが may よりも強い。
> したがって「もしかしたら〜、ひょっとしたら〜」のニュアンス。

⑧『時間がない』
time is running out / short

もうすぐ時間切れだ／時間が迫っている／もう時間がない

- Time is running out / Time is running short.
- We're running out of time / We're running short on time.
- We don't have much time left.
- There is not enough time (to do something, for something)

running out / short は〜が足りなくなる、不足する、という意味ですので、time 以外にもmoney や coffee, sugarなど何かが足りなくなってきたときに使えます。

- I finally ran out of patience and lost my temper.
  私はついに我慢の限界に達し怒りを爆発させてしまった。

⑨『何時何分』の表現

夜明け	dawn / daybreak
早朝	early morning
朝 7 時	seven (o'clock) in the morning / seven am
8 時きっかり	eight sharp
8 時半	eight thirty / half past eight
9 時 10 分	nine ten/ ten past nine / ten after nine
11時15分前	quarter to eleven, fifteen minutes before 11
真昼、正午	noon
午後 4 時	four in the afternoon / 4 pm
夕暮れ	dusk
夜 10 時	ten at night / 10 pm
真夜中	midnight
未明	wee hours/before dawn（真夜中〜 3 時頃まで）

第1章　Crazy Morning!

Coffee Break

"This Little Piggie Went To Market"
『子ブタちゃんがマーケットに行った』

One, two, three, four, five!　1, 2, 3, 4, 5!
(足の指を指しながら 1,2,3,4,5 と数える地域や、子ブタを1匹、2匹、3匹、4匹、5匹と数える地域など、さまざまなようです)

This little piggie went to market
この子ブタちゃんはマーケットに行った

This little piggie stayed home
この子ブタちゃんは家にいた

This little piggie had roast beef (chomp, chomp, chomp)
この子ブタちゃんはローストビーフを食べた(ムシャ、ムシャ、ムシャ)

This little piggie had none
この子ブタちゃんは食べるものが何もなかった。

And this little piggie cried, "Wee! Wee! Wee!"
All the way home
そしてこの子ブタちゃんはヒーヒーヒーと泣いた。
家に着くまでずっと。

[2] We're running out of time!

Coffee Break

キッズに人気の歌（欧米）
Popular songs for kids

- Sing A Song Of Sixpence
- This Little Piggy Went to Market
- Twinkle Twinkle Little Star
- Puff The Magic Dragon
- Humpty Dumpty
- London Bridge is Falling Down
- Little Monkeys Jumping on the Bed
- Five Little Hearts Valentine Song
- Mr. Sun
- Itsy Bitsy Spider
- The Wheels on the Bus Go Round
- Row Row Row Your Boat

第1章　Crazy Morning!

[3] Wash your face, brush you

 : Wash your face and brush your teeth, Mark.
顔を洗って歯を磨きなさい、マーク。

 : Mommy, I can't find my footstool! (in a loud voice)
ママ、僕の足台がないよ！（大きな声で）

 : I can hear you well. You don't need to yell!
よく聞こえてるわよ。わめかないの！

 : Mommy, this water is too cold. I want to wash my face with warm water!
ママ、水が冷たいよ。お湯で顔を洗いたい！

 : Leave the tap water running for a minute or two, then it will get warmer, you know that!
水を1、2分出しっぱなしにすれば温かくなるのよ、知ってるでしょ！

 : Why do I have to brush my teeth?
どうして歯を磨かなきゃいけないの？

 : To not get cavities, Mark.
虫歯にならないためよ、マーク。

 : What is a cavity?
穴って何？

 : Bad teeth.
悪い歯のことよ。

---

yell 大声で言う、叫ぶ、怒鳴る、わめく
　➡ p26 ⑩『もう少し小さな／大きな声で』『もう一度言って』
get cavities 虫歯になる　cavity は穴、空洞 ➡ p102 ㊺ 歯に関連する表現
a bad tooth/bad teeth（teethは複数形）虫歯

[3] Wash your face, brush your teeth!

顔を洗って、歯を磨いて！

 : That's right, honey. Daddy has no cavities, as he's been brushing his teeth properly. Isn't it amazing?
そうよ、ハニー。パパはちゃんと磨いているから、虫歯が一本もないわよ。すごいと思わない？

 : That's really amazing!
ほんとにすごいね！

 : Hurry up!
ほら急いで！

"I hate it, but I also need to keep my teeth and gums healthy."
『すごく嫌いなんだけど、僕も歯と歯茎を健康に保たなきゃいけないんだ。』

---

properly 適切に、ちゃんと、正しく
amazing ➡ p26 ⑪『すごいね！／素晴らしいね！／半端ないって！』
hurry up ➡ p27 ⑫『急いで』

Vocabulary Building

⑩『もう少し小さな／大きな声で』『もう一度言って』

もう少し小さな声で話してくれる？
- Would you tone it down a bit, please?
- Could you lower your voice? / Please lower your voice.
- Can you speak in a low/lower voice, please?
- Could you speak a little softer?
- Please talk quietly.

もう少し大きな声で話してください。
- Could you speak up (please)?
- Can you speak/talk a little louder (please)?

もう一度言ってください。
- Could you say that again, please?
- Could you repeat that?
- I'm sorry? （語尾をあげる）

"Speak up please?"
『もう少し大きな声で話してくれる？』

⑪『すごいね！／素晴らしいね！／半端ないって！』

amazing！	great！
terrific！	incredible！*
super！	excellent！
fantastic！	outstanding！
fabulous！	awesome！*
extraordinary！	astonishing！
sensational！	stunning！
unbelievable！	phenomenal！
spectacular！	exceptional！

[3] Wash your face, brush your teeth!

> ＊FIFA ロシア・ワールドカップ 2018 のコロンビア戦で大迫選手が決勝ゴールを入れたとき、大迫選手を称えて『大迫、半端ない！／半端ないって！／半端ねえー！』という言葉が日本中を席巻しましたが、この言葉はただちに海を渡り、英国ガーディアン紙にこの言葉の意味とその由来が詳細に紹介されるに至りました。
> "His (Osako's) performances are often described as "**hampanai**" or, with extra emphasis, "**hampanaitte**" – a Japanese expression meaning "**awesome**" or "**incredible**".
> (The Guardian 6/5/2018)
> ここでは **awesome** や **incredible** と訳されていますが、左表中の **extraordinary** や **exceptional** なども良い訳と言えるのではないでしょうか。要は「中途半端 incomplete ではなく、徹底している」ということから、「類まれな、並外れて素晴らしい」 unusually great ということですよね！

⑫『急いで』

"**hurry(up)！**"、"**rush！**"、"**quick！/ do it quickly！**" など、『急いで！』という言葉は少し命令調なので、would や could, please でより丁寧に。

急いでいただけますか？
- Would you please hurry up?
- Could you rush it, please?
- Could you do it quickly, please?
- Hurry (up), please！

私は急いでいます。
- I'm in a hurry.
- I'm in a rush.
- I'm rushing.

急がせてすみません。
- I'm sorry for rushing you.

急ぐ必要はありません。
- There is no need to hurry.
- There is no hurry.

"I'm not going to rush into marriage."
『焦って結婚するつもりはないわ。』

Chapter 2

At Mealtimes
食事の時に

［1］ **Breakfast is ready!**
朝ごはんよ！

［2］ **I can't eat anymore!**
もう食べられないよ！

［3］ **Wash your hands after school!**
学校から帰ったら手を洗って！

〔覚えると便利なフレーズ〕

① **What would you like to eat?**
何を食べたい？

② **Try and have a little bit more please?**
もう少し頑張って食べてごらん？

③ **They are not clean enough.**
まだ十分（にきれい）ではないよ。

第2章　At Mealtimes

[1] Breakfast is ready!

: **Breakfast is ready!**
朝ごはんよ。

: Can I have toast with chocolate spread please?
トーストにチョコレートスプレッドいい？

: No you **can't, darling**. You know you only have chocolate spread on the weekend.
ダメよ、かわい子ちゃん。チョコスプレッドは週末だけってわかってるでしょ

You can have jam, peanut butter, or cereal.
ジャムかピーナッツバター、それともシリアルならいいわよ。

: Jam please, on toast! With some juice in my Legoland cup?
トーストにジャムで！ ジュースはレゴランドのコップにしてね？

: Ok, **baby**.
いいわよ、ベイビー。

: Sophia, what would you like to eat?
ソフィアは何を食べたい？

: Can I have cereal please, Daddy?
シリアル食べてもいい、パパ？

Breakfast is ready ➡ p32 ⑬ 『ご飯ですよ／おやつですよ』

can't ➡ p32 ⑭ 短縮形

darling, baby, pumpkin ➡ p32 ⑮ 愛情を込めた呼び方

[1] Breakfast is ready!

朝ごはんよ！

 : **Of course you can, pumpkin.**
もちろんいいよ、かわい子ちゃん。

What kind of cereal do you want?
どんなシリアルがいいの？

 : **The one with fruits, nuts, and milk, please.**
フルーツとナッツが入ったので、ミルクもお願い。

 : **OK, it's called "muesli". Crispy, low sugar, very healthy. Mark, do you want some muesli, too?**
オーケー、ミューズリーだね。カリカリで、砂糖が少なくて、とても健康にいいよ。マークもミューズリー食べる？

 : **Yes, with warm milk, please!**
うん、ホットミルクでね！

"I like Muesli because it's rich in fiber with less sugar and fewer calories."
『ミューズリーが好きなのは食物繊維が豊富で、お砂糖とカロリーが少ないからよ。』

What kind of 〜?　どんな種類の〜？
　What kind of fruit do you like?　どんな果物が好きですか？
crispy パリパリ、サクサク
　➡ p33 ⑯ 食感を表す形容詞、⑰ 味を表す形容詞

Vocabulary Building

⑬『ご飯ですよ／おやつですよ』

- (It's) time to eat
- (It's) time for breakfast / lunch / dinner / afternoon snack
- Let's have breakfast.
  朝食にしましょう。

⑭ 短縮形

会話では短縮形を使うのが普通ですが、強調する場合や正式な文書では短縮形は使いません。

It's = It is	She's = She is
I'm = I am	He's = He is
You're = You are	I'll = I will
We're = We are	You'll = You will
They're = They are	What's = What is
can't = cannot, can not	I've = I have
haven't = have not	You've = You have
I'd = I would, I should, I had	You'd = You would, You had

⑮ 愛情を込めた呼び方

愛情を込めた子どもの呼び方には下記のようにたくさんありますが、『(私の大事な)かわい子ちゃん』のようなニュアンスで、愛おしさに溢れていますね。

angel	baby	cutie pie	darling
honey	my little prince（男の子）	my little princess（女の子）	pumpkin
sugar	sweet heart	sweetie	sweetie-pie

⑯食感を表す形容詞

パリパリ、サクサク	crispy
ガリガリ、ボリボリ	crunchy
モチモチ	chewy
フワフワ、フカフカ	fluffy
ねっとり、ベタベタ	gooey
柔らかい（パンなど）	soft
硬い	tough
柔らかい（肉など）	tender
ネバネバ、ベトベト	sticky
トロッとした	runny

⑰味を表す形容詞

苦い	bitter
クリーミー	creamy
脂っぽい	greasy
ジューシー	juicy
熱い、辛い	hot
あっさりした	plain
濃い	rich
塩辛い	salty
辛い	spicy
すっぱい	sour
甘い、砂糖のような	sweet, sugary
気が抜けた（炭酸飲料やビール）	flat

[2] I can't eat anymore!

 : What day is it today?
今日は何曜日？

 : Sunday.
日曜だよ。

 : Can I have chocolate spread on toast, please?
トーストにチョコスプレッドぬってもいい？

 : Yes darling
いいよ、ダーリン。

 : In the front room?
居間で食べていい？

 : OK, the front room will be more comfortable.
いいよ。居間のほうがもっと気持ちいいね。

 : Daddy, can I have sugar on my cereal please?
パパ、シリアルにお砂糖かけてもいい？

 : OK, but, not too much, please.
いいよ、だけどかけ過ぎないでね。

 : Daddy?
パパ？

 : Yes darling?
なに、ダーリン？

What day is it today? ➡ p36 ⑱ 『曜日』『〜月〜日』『週』『時』と前置詞
front room: 居間（主に英国。米国では living room）

[2] I can't eat anymore!

もう食べられないよ！

 : I want eggs with bacon.
玉子とベーコンがほしい。

 : OK, how would you like your eggs?
わかった、玉子はどんなふうにしたいの？

 : Sunny-side up please!
目玉焼きお願い!

 : Daddy, I'm full. I don't want anymore.
パパ、お腹いっぱい。もう食べたくない。

 : Try and have a little bit more please?
頑張ってもう少し食べてごらん？

 : I've finished !
食べたよ！

 : Good girl. Go put your plate in the sink please.
いい子だ。お皿を流し台に置いてね。

 : I don't want this last piece of toast.
この最後のトーストのかけらをもう食べたくない。

 : OK baby. Go put it in the bin, please.
わかったよ、ベイビー。じゃあ、ゴミ箱に入れてね。

How would you like 〜 ? ➡ p37 ⑲ 『〜はどのようにしたいですか？』
sunny-side up eggs ➡ p37 Coffee Break

a little bit more　もうちょっと　　I'll try a little bit more.　もうちょっと頑張るよ。

go put 〜 ➡ p37 ⑳ 『go+動詞』（動詞を2つ続ける）

ゴミ箱：イギリス英語とアメリカ英語の違い
　英国：bin, dust bin, litter bin, rubbish bin
　米国：garbage can, trash box/can, garbage pail（ゴミバケツ）

Vocabulary Building

⑱『曜日』『〜月〜日』『週』『時』と前置詞

What day is it today? 今日は何曜日？
答え方 ➡ It's Monday. / Today's Monday.

What day of the week is it today? とすれば、より明確に曜日を聞いていることがわかります。

12月に	in December
7月1日に	on the 1st of July
5月の第1週に	during/in the first week of May
今月の第4金曜日に	on the fourth Friday of this month
朝に	in the morning
午後に	in the afternoon
日曜の朝に	on Sunday morning
日曜の午後に	on Sunday afternoon
日曜の午後3時に	at 3p.m. on Sunday / on Sunday at 3pm
朝の8時きっかり	(It's) exactly 8 a.m. / 8 a.m. sharp

曜日とその省略表記

日	Sunday (Sun.)	木	Thursday (Thu., Thur.)
月	Monday (Mon.)	金	Friday (Fri.)
火	Tuesday (Tue., Tues.)	土	Saturday (Sat.)
水	Wednesday (Wed.)		

What's the date today? 今日は何月何日ですか？
答え方 ➡ It's May 7th.

1日 first, 1st	2日 second, 2nd	3日 third, 3rd	4日 fourth, 4th
5日 fifth, 5th	6日 sixth〜19日まで語尾に th (9日と12日は下記*)		
21日 twenty-first, 21st 以下同様	30日 thirtieth, 30th	31日 thirty-first	

＊ただし、9th = ninth, 12th = twelfth（スペルに注意）

[2] I can't eat anymore!

⑲『〜はどのようにしたいですか？』
How would you like 〜? / How do you want 〜?
- How do you want your eggs (cooked/done)?
  玉子はどのようにしたいですか？
- I want sunny-side up eggs. 目玉焼きがいい
- I'd like my eggs fried. 目玉焼きがいい
  ＊wouldを使うとより丁寧

⑳『go＋動詞』(動詞2つを続ける) "and"もしくは "to"が省略された形
go put 〜 ＝ go and put 〜 行って置く
go get 〜 取りに行く、go find 〜 探しに行く
go look 〜 見に行く

> 動詞を2つ続けるのは、会話だけで使われるくだけた言い方です。

- Go tell Daddy dinner is ready.
  パパに夕ご飯ができたと言ってきて。
- Go wake up Daddy.
  パパを起こしに行ってきて。
  ＊goのほかにcome も同様に使われます。
- Come see me next week.
  来週会いにきてね。

Coffee Break

玉子の調理法

目玉焼き	sunny-side up eggs, fried eggs
スクランブル	scrambled eggs
ゆで玉子	soft-boiled eggs（半熟） hard-boiled eggs（固ゆで）

- The yolk is runny. 黄身がトロトロ（半熟）だ。
- Can you make these fully cooked? しっかり焼いてくれる？

第2章　At Mealtimes

[3] Wash your hands afte

 : Wash your hands, Mark and Sophia!
マーク、ソフィア、手を洗ってね

 : Wow, smells good. I'm hungry!
ワ〜、いい匂い。お腹すいた！

 : No, Mark, you need to wash your hands before eating.
だめよ、マーク、食べる前に手を洗いなさい。

 : Why? My hands are not dirty!
どうして？　僕の手 汚くないよ！

 : No, they are not clean enough. There should be lots of germs on your hands.
きれいじゃないよ。手にはバイ菌がいっぱいいるんだよ。

 : No, I can't see them.
見えないもん。

 : Even if you can't see them, they are running on your hands! They are just too small to see.
見えなくても、手の上でいっぱい走り回ってるよ！
小さいから目に見えないだけだよ。

I'm hungry ➡ p40 ㉑『食べる』に関連する表現

not ＋形容詞＋ enough ➡ p40 ㉒『十分に〜でない』

too 〜 to 〜： ➡ p40 ㉓『〜するにはあまりにも〜だ』

[3] Wash your hands after school!
学校から帰ったら手を洗って！

 : **Don't you know the germs song, "Wash Your Hands"?**
バイ菌がいるから"手を洗いましょう"っていう歌を知らないの？

 : **No, I don't.**
うん、知らないよ。

 : **I'll let you know later.**
あとで教えてあげるわ。

 : **Use running water, with soap, and wash well.**
水を流しっ放しにして、石鹸でよく洗ってね。

 : **OK, Mommy!**
わかった、ママ！

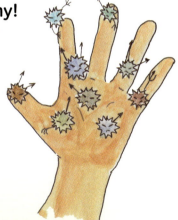

"Lots of germs on our hands!"
『手にはばい菌がいっぱい！』

---

later あとで
running water 流水 ➡ p41 Coffee Break

Vocabulary Building

㉑『食べる』に関連する表現

お腹が空いた	I'm hungry.
喉が渇いた	I'm thirsty.
お腹が空いて死にそうだ	I'm starving to death.
おやつ食べていい？	Can I have some snacks?
まだ足りないよ	This isn't enough. / I want some more.
まだ食べ足りない	I haven't eaten enough yet.
これをもっと食べていい？	Can I have some more of this?
すごい食欲だね！	You have a good appetite!
たらふく食べて！召し上がれ！	Chow down! / Eat hearty! / Eat up! Dig in!
残さず食べて！食べつくして！	Eat all!
2500円で食べ放題	"All-you-can-eat" for ¥2500
飲み放題	"All-you-can-drink" / "unlimited drinks"
お食事をごゆっくりお楽しみください	Enjoy your meal.
このスープには塩が足りない	There isn't enough salt in this soup.

㉒『十分に〜でない』
not +形容詞＋enough

- This T-shirt is not big enough for me.
  このTシャツは僕には小さすぎる。
- You are not old enough to drink sake.
  君はまだお酒を飲める年齢ではない。

㉓『〜するにはあまりにも〜だ』
too 〜 to 〜

- It's too early to go to bed.
  寝るには早すぎるよ。
- It's too far to walk (to the station).
  （駅までは）遠すぎて歩けない。

[3] Wash your hands after school!

Coffee Break

手をよく洗いましょう
Wash your hands well

① Wet your hands with clean, running water.
お水（きれいな流水）で手を濡らしましょう．

② Add some soap,
せっけんをつけて、

③ Rub your hands together to make a lather, and scrub them well.
両手をこすって泡立て、よくこすり洗いしましょう．

④ Be sure to scrub the backs of your hands, between your fingers, and under your nails.
両手の甲、指の間、爪の間も忘れないように洗いましょう．

⑤ Continue rubbing your hands for at least 20 seconds.
少なくとも20秒間は手をこすりましょう．

⑥ Rinse your hands well under running water.
流水でよく洗い流しましょう．

⑦ Dry your hands using a clean towel or air dry them.
きれいなタオルもしくはエアドライで手を乾かしましょう．

Now you're done!
ほら、終わったよ！

第2章　At Mealtimes

Coffee Break

テーブルマナーいろいろ

食べる前に手を洗いましょう.	Wash your hands before eating.
ナプキンを膝に置きましょう.	Place the napkin on your lap.
食事を用意してくださり、ありがとう。 お料理してくださってありがとう。 おいしいお食事をありがとう。 とてもおいしかったです。ありがとう。	Thank you for preparing the meal. Thank you for cooking. Thank you for the delicious food. It was really delicious. Thank you.
テーブルに肘をつかないで。	Don't put your elbows on the table.
ちゃんと座りましょう（背筋を伸ばして）。	Sit nicely (sit straight).
噛むときは口を閉じて。	Chew with your mouth closed.
指ではなく、フォークとスプーンを正しく使いましょう。	Don't use your fingers and use forks and spoons correctly.
（離れたところにある塩を取るときは）人の前に手を伸ばさずに「塩を取ってください」と言いましょう。	Never reach across the table, say "please pass the salt."
食べ物や飲み物をこぼさないよう。	Don't spill food or drinks.
げっぷが出たときは「すみません（ごめんなさい）」と言いましょう。	Say "Excuse me" when you burp (you've burped).
音を立てないでね！ ズルズル音を立ててスープを飲まないで！	Don't make noise! Don't slurp the soup!
スプーンを舐めないこと。	Don't lick your spoons.
好き嫌いせずに残さず食べましょう。	Don't be picky and eat everything.
食べ物を頬張ってしゃべらないこと。	Don't talk with food in your mouth.
食べ物で遊ばないように。	Don't play with your food.
食後はお皿を片付けましょう。	Clear the dishes after the meal is finished.

[3] Wash your hands after school!

いつも礼儀正しく「ありがとう」「お願い」を忘れずに。	Always be polite and say "thank you" and "please".
出された食べ物に不満を言うのはやめましょう。	Never complain about the food you are served.
食べているときはテレビを見ないで。テレビは切るからね。	Don't watch TV while you're eating. I'll turn off the TV.

"And now, some more manners are……" "Give me a break, there's too many!"
『それと、もう少しマナーが…』『いい加減にしてよ、多すぎるよ!!』
"I hate table manners!"
『テーブルマナーなんて大嫌いだ!』

Chapter 3

Let's Play Inside The House!
お家の中で遊ぼう！

[1] Let's play "Rock, Paper, Scissors"!
じゃんけんしよう！

[2] How about playing "word chain"?
「しりとり」で遊ばない？

[3] Playing video games
ビデオゲームで遊ぶ

〔覚えると便利なフレーズ〕

① You are a big sister.
あなたはお姉ちゃんでしょ。

② I wonder if I can...
僕にできるかな…

③ What's your favourite video game?
一番好きなビデオゲームは何？

第3章　Let's Play Inside The House!

[１] Let's play "Rock, Paper

 : Daddy will be back soon, then we can have dinner
パパがもうすぐ帰ってくるから、そしたら夕食にしましょう。

 : Until then, can I watch TV please?
I want to watch "*POTAMON*"!
それまでテレビを見てもいい？ "ポタモン" が見たい！

 : No. Let's watch "*Danger Rabbit*"!
だめだよ。"デンジャー・ラビット"を見ようよ！

 : Fine. Let's play Rock Paper Scissors to decide what to watch. OK?
じゃあ、何を見るかじゃんけんで決めよう。いいね？

 : Rock, Paper, Scissors!
じゃんけん、ポン！

Rock, Paper, Scissors!
あいこでしょっ！

 : Yay! I won!
わーい、勝った！

 : No, you cheated!
You waited to see my move!
ちがうよ、ズルしたじゃない！
私が出すまで待ってたじゃない！

Rock 岩(石)(グー)、Paper 紙(パー)、Scissors はさみ(チョキ)
Can I ～　➡ p48 ㉔『～してもいい？』『～してもよろしいですか？』
cheat いかさまをする、カンニングする。➡ p51 ㉖『"cheat"（自動詞と他動詞）』

[1] Let's play "Rock, Paper, Scissors"!

Scissors"! じゃんけんしよう！

 : Let's do it again. No cheating!
もう一度やろう。後出しはダメよ！

 : No, I'm not cheating! I won!
Let's watch "*Danger Rabbit*"!
ズルなんかしてないよ、僕が勝ったよ！
デンジャー・ラビット見ようよ！

(They started to fight over the TV remote controller.
二人はリモコンの取り合いを始める)

 : Stop fighting! Sophia, you are a big sister.
Be nice to your little brother.
ケンカはやめなさい！ソフィア、あなたはお姉ちゃんなんだから。
弟に優しくしなさいね。

"I'm all thumbs. I just can't do it right!"
『僕は不器用だ。どうしてもうまくできないよ！』

---

fight over ～ ～をめぐって争う
big sister お姉さん ➡ p51 ㉗『お姉さん／お兄さん／妹／弟』

第3章　Let's Play Inside The House!

Vocabulary Building

㉔『〜してもいい?』『〜してもよろしいですか?』

許可を得るときに『フォーマルで丁寧』な聞き方は"May I 〜?"ですが、『インフォーマルな通常の会話』では"Can I 〜?"がよく使われます。

〈インフォーマル〉 Can I 〜	肯定と否定の時の答え方：
鉛筆を借りてもいい？ ・Can I borrow your pencil? 電話を使ってもいい？ ・Is it OK (alright) if I use your telephone ? アレックスの所に行って遊んでもいい？ ・Can I go round to Alex's and play?	もちろん、どうぞ。 Sure. / Certainly. / Of course. Yes, you can. ダメです。 No, you can't. / No, I'm afraid not.
〈フォーマルで丁寧〉 Could I 〜 お茶のおかわりをしてもいいですか？ ・Could I have another cup of tea?	もちろんですよ、どうぞ。 Of course. / Yes, sure. / Sure. 残念ですがもうないんです。 Sorry, but there isn't any more tea. すみませんが、追加料金となります。 Sorry, but you'll have to pay for it.
〈最もフォーマルで丁寧〉 May I 〜？ 窓を開けてもよろしいでしょうか？ ・May I open the window?	いいですよ。 Yes, sure. Please go ahead. いいえ、ちょっと困ります。 I'm sorry, but…(it's too cold outside). ("Yes, you may."や"No, you may not."という答え方は上から目線なので、上下関係のない通常会話では使いません。)

[1] Let's play "Rock, Paper, Scissors"!

〈フォーマルで非常に丁寧〉 ここに座ってもよいですか？ ・Do you mind* if I take a seat here? 〈最高に丁寧〉 窓を開けてもよろしいでしょうか？ ・Would you mind if I open the window? （= Would you mind my opening the window?） ＊ Do you mind〜？と聞かれたときの答え方は要注意です。Yes と言われた場合は、『はい、気にします、困ります』の意味で、No と言われた場合は『気にしないので、どうぞ』の意味になります。	はい、構いませんよ。 No, I don't (mind) （気にしませんので、どうぞ） Not at all. / Of course not. No, please do. いいえ、ちょっと困るんです… Actually, I do (mind) a bit… Yes, I have a problem…. I'm sorry, but… I'm afraid, but ….. （その席にすわる人がすでにいる場合は、"Sorry, but it's already taken." など）

米国の学校では生徒に、「許可を得るときは May を使う」よう子ども達に教えています。もしも子どもがトイレに行きたいときなどに "Can I leave the room?"（部屋を出てもいいですか？）と Can を使って質問すると、先生は "You can, but you may not."（君は部屋を出ることはできるけど、出てはダメだよ ➡ 君はそれをする能力は持っているけど、許可はあげないよ）と冗談で返すことがあります。最近では Can と May の区別が少なくなってきているようです。

㉕『〜してくれる？』『〜していただけますか？』
Can you 〜 ? / Could you 〜 ? / Will you 〜 ? / Would you 〜 ?

誰かに何かをリクエストするとき、相手がそれを「できそうな場合」はCan you / Could you 〜?を、相手がそれをしてくれる「意志や意欲（willingness）」がありそうな場合は、Will you / Would you 〜?を使います。CouldやWouldを使うとより丁寧です。

手伝ってくれる？ 　宿題を手伝ってくれる？ 　積み木を手伝ってくれる？ お願いがあるんだけど聞いてくれる？	・Can you help me ? 　Can you help me with my homework? 　Can you help me with the building blocks? ・Can you do me a favor?
お塩を取ってくれますか？ 結婚してくれるよね？ 　（ここでcanは使いません）	・Will you please pass the salt? ・Will you marry me?

Vocabulary Building

より丁寧にお願いする 『〜していただけますか？』

助けて／手伝っていただけますか？	・Could you (please) help me (out*)?
この箱を運ぶのを手伝っていただけますか？	・Could you please help me carry this box?
次の週末、私の猫を預かって（世話して）いただけますか？（可能でしょうか？）	・Could you take care of my cat next weekend?
結婚していただけますか？	・Would you please marry me?
ここにお名前を書いていただけますか？	・Would you please write your name here?

＊out をつけると、困難な状況から助け出してほしいという意味合いが強くなります。

『〜していただけると幸いです』

もし〜していただけるととても有難い 手伝っていただければとても有難いです。	I would appreciate it if you could 〜 ・I'd appreciate it if you'd (you could) help me. 　(It would be appreciated if you could 〜) ・I'd (would) be grateful if you could help me.

Coffee Break

「じゃんけん」は日本が発祥地！

勝ち負けを決める「じゃんけん」は世界中で行われていますが、日本が発祥地だってご存知でしたか？ 江戸時代〜明治時代とされています。ちょっとすごいですよね！ "Rock, Paper, Scissors, Shoot!"と言って、shoot で出す地域もあるようです。

㉖『"cheat"(自動詞と他動詞)』

cheat(他動詞) 〜(人)をだます

cheat someone (out) of something 〜をだまして(物などを)取る
- He cheated me out of $100.
  彼は私から100ドルを騙し取った。

cheat on(at, in)〜(自動詞)ズルをする、カンニング(不正、ごまかし)をする
- He cheated at cards (at + something).
  彼はトランプでインチキをした。
- He cheated on a math exam.
  彼は数学の試験でカンニングをした。
- He was caught cheating on a test / in an exam.
  彼はテストでカンニングしてばれた。

> * "cheat"は『浮気をする』という意味もあります。
> ・Don't cheat on me or we'll divorce!　浮気しないでね、したら離婚よ！

㉗『お姉さん／お兄さん／妹／弟』

お姉さん	big sister, older sister, elder sister
お兄さん	big brother, older brother, elder brother
一番上の	oldest/eldest 〜
妹	little sister, younger sister, baby sister
弟	little brother, younger brother, baby brother
一番下の	youngest
真ん中	middle

僕は3人兄弟の真ん中です。
- We are three brothers and I'm the second born.
- I have two brothers and I'm the middle child.
- I'm the second of three brothers.

彼は私より5歳年下です。
- He's 5 years younger than I (am). (会話では"me"も使われます)
- He's younger than me by 5 years.
- He's 5 years junior to me. (senior to me 年上)
- He's 5 years my junior.

第3章　Let's Play Inside The House!

[2] How about playing "word

 : Mark, how about playing word chain?
マーク、「しりとり」しない？

 : What's that?
なあに、それ？

 : It's a simple word game.
Each person says a word in turn, but that word must begin with the final letter of the previous word.
簡単な言葉遊びよ。
それぞれの人が順番に言葉を言うのだけど、その言葉は前の人が言った言葉の最後の文字から始まらないといけないの。

 : Hmmm... I wonder if I can ...
う〜〜ん…　僕にできるかどうか…

 : It's easy, Mark.
For example, if I say "banana", the ending letter is "a", so, you can say "apple" or something.
簡単よ、マーク。
たとえば、私が「バナナ」といえば、最後の文字は「a」でしょ、だから、あなたは「リンゴ」とか言えばいいの。

 : Umm... I'm not sure yet...
う〜〜ん…　まだよくわかんない…

How about 〜 ➡ p54 ㉘『〜はどう？／〜はどうするの？／〜はいかが？』

[2] How about playing "word chain"?

「しりとり」で遊ばない？

: There are two rules:
　1) There is a time limit. You have to answer within five seconds.
　2) You cannot repeat the words. OK?
ルールがふたつあるの：
1) 時間の制限：5秒以内に答えること。
2) 同じ言葉を繰り返してはダメ。いいよね？

: Well... umm...　Okay, Sophia.
え〜〜と、う〜んと...　いいよ、ソフィア．

: Sophia, Mark has just learned to write his own name. He is too small to play that game.
ソフィア、マークは自分の名前の書き方を習い始めたばかりよ。
「しりとり」はまだ早すぎるわよ。

: I think he can use alphabet cards with pictures. Isn't it a very good idea?
マークはアルファベットの絵カードを使えばいいと思うよ。
すごくいいアイデアじゃない？

「Well... umm...」➡ p55 ㉙ 間投詞とあいづち

Vocabulary Building

㉘『〜はどう？／〜はどうするの？／〜はいかが？』
How about 〜？と What about 〜？（共にカジュアル）

相手に何かを提案・勧誘したり、意見を聞くような場合、how about 〜 と what about 〜はほぼ同様に使われています。ただし、実際には使い方にごく微妙な違いがあります。

- 個人的なこと (anything personal)、気分や感情 (feelings, emotions) について聞くときは how about 〜のほうがより使われる傾向があります。
- 何か潜在的な問題や障害 (potential problem, obstacle) があるような場合は what about のみで、場所 (places) や物 (objects) について聞くときも what about 〜のほうがより使われる傾向があります。

- How / What about going to a movie?（どちらでも OK）
  映画に行くのはどうかしら？（提案）
- I would love to go, but what about the kids?（ここは what about のみ）
  行きたいのはやまやまだけど、子ども達はどうしよう？
  （じゃ、子ども達はどうするのよ？― what should be done about kids? のニュアンス）

(A) How are you?　お元気？
(B) Couldn't be better, how about you?　絶好調よ、あなたはどう？
(A) Are you hungry?　お腹空いてる？
(B) Yes, how about you?　うん、あなたはどう？

"The more I think, the more confused I get!
There's no other way but to memorize the example sentences."
『ますます混乱してわからなくなってきた！
例文を覚えるしかないね。』

[2] How about playing "word chain"?

(A) How many books did you buy?　本を何冊買ったの？
(B) Three, what about you?　3冊よ、あなたは？
(A) Where are you going this weekend?　この週末はどこに行くの？
(B) Nowhere, what about you?　どこも。あなたはどうするの？

㉙ 間投詞とあいづち

えーと、う〜ん（口ごもる）	hmm.., umm..., Well, Let me see,
だからね、	So,
ほらね、言ったでしょ？	See, You see?
まあまあ	So-so
あら、まあ	Oh, dear!
ふぅ〜ん、なるほど	Ah-ha, Ahh
ちょっと待ってよ！	Come on!
いい加減にしてよ！	Give me a break!
そんなバカな！	No way!
大当たり！	Bingo!
しまった！	Oops!
えーなんでー？	How come?, Aww, Why not?
あいたっ！痛っ！あちっ！	Ouch!, Ow!
その通り！	Exactly! Precisely! Absolutely! You're right! That's right!
必ずしもそうではなくて、ちょっと違うんだけど	Not exactly
ほんとう？マジ〜？	Really?
チェッ！クソッ！ヤバイ！	crap!（少し汚い言葉）

第3章 Let's Play Inside The House!

[3] Playing video games

 : What's your favourite video game?
一番好きなビデオゲームは何？

 : "Potamon Go" is the best!
「ポタモン・ゴー」が一番だよ！

 : Oh, is that so?
You always play "Sky Wonder" with Daddy on Sundays.
そうなの？いつも日曜にパパとスカイワンダーをやってるじゃない。

 : Yes, but I'm getting bored of it.
そうだよ、だけどもう飽きてきたんだ。

 : OK, let's play "Potamon" together!
オーケー、じゃー緒に「ポタモン」しよう！

 : I'll teach you how to play.
Here we go!
やり方を教えてあげるよ。
ほら、行くぞ！

 : I need some help before starting.
Are there any tips and hints for learning it quickly?
始める前に少し助言が欲しいな。
早く覚えるためのコツとかヒントは？

---

favourite（英語） **favorite**（米語）一番好きな、最もお気に入りの
be/get bored of ～ ➡ p58 ㉚『～に飽きた／飽きてきた』、㉛『うんざりだ／飽き飽きだ』

[3] Playing video games

ビデオゲームで遊ぶ

 : Yes, you need to spin your fingers like this…, and capture your Potamon, and....
そうだね、指をこういう風に回したほうがいいよ、そしてポタモンを捕まえて、そしてね、、、

 : Ouch! You hit me in the face!
痛っ！ 私の顔に当たったわよ！

 : Sorry. But, you need to move as fast as you can!
ごめんね。だけど、できるだけ早く動かなくちゃダメだよ！

"Let's get him!" 『奴をやっつけろ！』

---

as 〜 as you can ➡ p59 ㉜『できる限り〜』

Vocabulary Building

㉚『〜に飽きた／飽きてきた』
be/get bored of 〜, be/get tired of 〜
（＋名詞、動名詞）（動名詞＝動詞＋ing）

- I'm bored of playing this video game.
  このビデオゲームにはもう飽きた（＝飽きている状態）。
- I'm getting bored/tired of playing this video game.
  このビデオゲームに飽きてきた（＝飽きつつある）。

㉛『うんざりだ／飽き飽きだ』
be/get sick of, be fed up with, get sick and tired of（さらに強調）

- I'm getting sick of listening to your complaints.
  君の愚痴を聞くのはもううんざりだよ。。
- I'm fed up with your excuses.
  君のいい訳にはうんざりだ。
- I'm getting sick and tired of eating curry everyday.
  毎日カレーを食べることに本当にうんざりしてきたよ。

"I'm so fed up with people pointing, laughing and taking my photos..."
『人が私のことを指さしたり、笑ったり、写真を撮ったりするのにもううんざりなのよね…』

㉜『できる限り〜』

as 〜 as one can / as 〜 as possible

as much as one can / as much as possible
as soon as one can / as soon as possible
as fast as one can / as fast as possible

- You can eat as much as you can.
  好きなだけ食べていいよ。
- I got dressed as soon as I got out of bed.
  ベッドから出るなりすぐに服を着た。
- Run as fast as you can.
  できるだけ早く走りなさい。

"I'm trying to exercise as much as possible."
『できるだけいっぱい運動しようと心がけているんだ。』

Chapter 4

Let's Play Outside!
外で遊ぼう！

[1] Swimming – duckling award
　　水泳 —「アヒルの子」賞

[2] Can I go on the swing?
　　ブランコに乗っていい？

[3] I want to play "hide and seek"!
　　『かくれんぼ』したい！

〔覚えると便利なフレーズ〕

① Daddy's so proud of you!
　　パパもすごく嬉しいよ！
② I want to play on the swing.
　　ブランコで遊びたい。
③ Let's get ready to go!
　　行く準備をしましょう！

第4章 Let's Play Outside!

[1] Swimming - duckling award

 : Wow, well done, Mark.
You successfully passed the Duckling stage 1 of swimming!
ワーオ、よくやった、マーク。
『あひるの子スイミング』ステージ1に合格したね！

 : Yay, I did it!
イェーイ、やったあ〜！

 : Woo hoo! (clapping her hands)
Congratulations, Mark!
ヤッホー！（手を叩く）　おめでとう、マーク！

 : Daddy's so proud of you, Mark!
You're now a "beautiful" duckling!
パパもすごく嬉しいよ、マーク！
君はもう美しいアヒルの子だね！

 : Now, can you float on your back?
じゃあ、仰向けに浮くことができるの？

 : Yes I can.
できるよ。

 : Really? Splendid!
ほんと？　すごいね！

---

beautiful duckling アンデルセンの童話『醜いアヒルの子』(Ugly duckling) にかけたもの。

float = 自動詞「浮く」、他動詞「浮かせる」．名詞も同形
　➡ p64 Coffee Break『浮くための道具や装置』

[1] Swimming - duckling award

水泳 ―「アヒルの子」賞

 : But, I can't swim yet.
だけど、まだ泳げないよ。

 : So, what do you learn next?
それで、次は何を学ぶのかな？

 : **How to** put my face in the water.
顔を水につける方法だよ。

 : So, you'll learn how to hold your breath in the water!
じゃあ、水の中で息を止める方法を学ぶんだね！

 : **Go for** the Gold Medal in the Olympics!
オリンピックの金メダルに向けて頑張れー！

"Dog paddling!"
『犬泳ぎだ！』

---

how to 〜（動詞）➡ p65 ㉝『〜する方法／〜のしかた』

go for 〜 / go for it！ 頑張れ、頑張って目指せ！

第4章 Let's Play Outside!

Coffee Break

浮くための道具や装置
Floaties / floatation device / swim aides

floatation（英国）／flotation（米国）

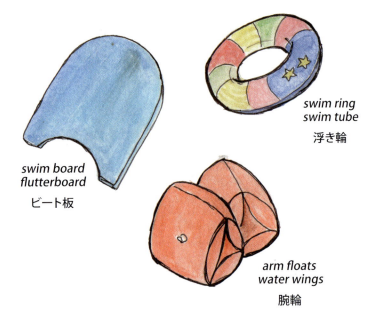

swim board
flutterboard
ビート板

swim ring
swim tube
浮き輪

arm floats
water wings
腕輪

"You can swim so gracefully. I want to be able to swim like you!"
『君はとても優雅に泳げるんだね。僕も君みたいに泳げるようになりたいな！』

[1] Swimming – duckling award

Vocabulary Building

㉝ 『〜する方法／〜のしかた』
how to 〜（動詞）

- I learned how to hold my breath for 1 minute.
  1分間息をとめる方法を学んだ。
- Do you know how to hold chopsticks correctly?
  おはしの正しい持ち方を知ってる？
- I learned how to use chopsticks from my mother when I was a kid.
  子どものときに母からおはしの使い方を学んだ。

"Who can hold their breath the longest?"
『誰が一番長く息をとめられるかな？』
"Take a deep breath, hold it, and put your face in the water!"
『大きく息を吸って、止めて、顔を水につけて！』

第4章 Let's Play Outside!

[2] Can I go on the swing?

: It's so beautiful out today.
Why don't we go for a walk?
外はすごくいい天気ね。散歩に行かない？

: Yes. Let's go to the park!
I want to play on the swings.
うん、公園に行こうよ！ブランコに乗って遊びたい。

: I would rather stay here and do my homework.
私は家にいて宿題をするわ。

(Mark and Mom go to the park. マークとママは公園に行く)

: You're lucky, the swing is empty now!
運がいいね、ブランコ空いてるわよ。

(Mark runs toward the swing マーク、ブランコのほうに走っていく)

: Can you push me?
押してくれる？

: Can't you pump on a swing by yourself?
自分で漕げるんじゃないの？

: Yes, I can, but I want to fly higher!
うん、自分で漕げるよ。でも、もっと高く飛びたい！

: No, it's too dangerous!
だめよ、すごく危ないから！

It's so beautiful out today ➡ p70 ㊲ 天気関連の表現

play on the swings, pump on a swing ➡ p68 ㉞ 『ブランコで遊ぶ』

would rather ～（動詞）むしろ～したい。 would rather not ～（動詞）むしろ～したくない。

[2] Can I go on the swing?

ブランコに乗ってもいい？

: Hold the chain tight with both hands, otherwise you will fall off!
チェーンをしっかり両手で持って、でないと落ちるわよ！

Some children have been waiting for a while, so, why don't you get off and let them have a turn? OK?
しばらく待ってる子たちがいるから、降りて代わってあげたら？　ね？

: No way! 5 more minutes!
やだ！　あと５分！

: Make it just one more minute.
You might want to move on to the slide?
あと１分だけにしなさいね。次はすべり台で遊ぶのもいいんじゃない？

"Let's wait here for a bit."『ここでちょっと待ちましょうね。』

---

let them have a turn（ほかの子たちに）順番を回してあげる、代わってあげる
　➡ p68 ㉟『列に並ぶ』、p69 ㊱『交代する』

move on to ～　～に移る

Vocabulary Building

㉞『ブランコで遊ぶ』

ブランコに乗って遊ぶ	play/go on the swings*, ride the swings
ブランコに乗る	get on the swing, sit on the swing
ブランコを漕ぐ	pump (one's legs) on the swing

* "swing"（名詞）の意味は「ブランコ（に乗ること）、揺れ、など」ですが、ブランコを意味する場合、ロープなどで上からぶら下がっているシート（"a seat suspended by ropes or chains, on which someone may sit and swing back and forth" – Oxford Dictionary）のことを指しているため、一人で乗るなら"go on the swing"、遊園地のように複数のブランコがある場合は"play/go on the swings"になります。ひとつのフレームに複数のブランコが下がっている場合、"swing set"を使って "The children are on a swing set." のように言うこともあります。なお、"swing"の動詞にも『ブランコに乗る』という意味があります。

Playground equipment 遊具

ブランコ	swing
すべり台	slide
シーソー	seesaw
ジャングルジム	jungle gym（もしくはclimbing frame）
うんてい	horizontal ladder（もしくはmonkey bars/英国）
砂場	sandbox（米国）／sandpit（英国）

㉟『列に並ぶ』

列に並ぶ（並んで待つ）
wait in line / get in line / stand in line / wait in a queue / get in a queue / line up / queue up

*米国では"line"、英国では"queue"（キュー）

順番を待つ
wait one's turn

順番が来るまでお待ちください。
・Please wait your turn.

順番にお願いします。並んでください。
・Please take turns.　Please get in line.

[2] Can I go on the swing?

誰の番？君の番だよ！
- Who's turn is it? It's your turn!

割り込みしないでください。
- Excuse me, but please don't jump the queue.
  すみませんが、割り込まないでくださいますか。
- Please don't cut in line, and join the line at the end.
  割り込まないで最後に並んでください。
- Excuse me, but, we're waiting in line.
  Please move to the back of the line.
  すみませんが、並んでいるんです。
  列の最後に行ってください。

ここが列の最後ですか？
- Is this the end of line?

㊱『交代する』

ほかの人に代わってあげましょう
（順番を回してあげましょう）。
- Let someone else have a turn.

交代する（代わるがわる、交代で）
take turns, take something in turns,
do something in turns

交代で運転しましょう。
- Let's take turns driving.

"Excuse me. Are you in line for the bathroom?"
『すみません。お手洗い待ちの列ですか？』

Vocabulary Building

㊱天気関連の表現（「天気」は基本的に"it"）

お天気はどんな感じ？　What's the weather like?

今日は美しく晴れている／いい天気だ。
- It's so beautiful today.
- It's a nice day today.
- It's a sunny day today / It's sunny today.

今日は曇っている。
- It's cloudy today.

雨が降っている。
- It's raining today / It's rainy today.

しとしと降っている。
- It's drizzling.

どしゃ降りだ／激しく降っている。
- It's pouring / It's raining cats and dogs / It's raining heavily.

雨に降られてずぶ濡れだ。
- I got caught in the rain and I'm soaked (through).
- I got caught in the rain and ended up getting soaked.

雪が降っている。
- It's snowing / It's a snowy day.

今日は大雪が降るでしょう。
- There will be heavy snow today.

明日は雨でしょう。
- It's going to rain tomorrow.
- It may rain tomorrow.
- It will rain tomorrow.（間違いなく降るだろう）

この夏は雨の日が多い。
- We have many rainy days this summer.

肌寒い／すごく寒い／すごく風が強い／すごく蒸し暑い／むっとする
- It's chilly / It's so cold / so windy / so humid / stuffy

昨日はとても暑くて湿度が高かった。
- It was very hot and humid yesterday.

[2] Can I go on the swing?

"It's raining cats and dogs."
『どしゃ降りだ。』

Coffee Break

実際の天気予報ニュースの例

- There will be high winds with a slight chance of rain and, in some areas, there is going to be snow.
  風が強く、わずかに雨の可能性もあります。また、地域によっては雪が降るでしょう。

- There is a 90% chance of rain in the afternoon.
  午後に雨が降る可能性は90％です。

- We will have high winds and probably rain in the morning, but it should clear by mid-afternoon.
  朝は風が強く、おそらく雨が降るでしょう。しかし午後なかば頃までには晴れるでしょう。

- It's supposed to rain. Take your umbrella.
  雨が降るでしょう。傘を持って行きましょう。

第4章　Let's Play Outside!

[3] I want to play "hide and

: Can I go outside please?
I want to play hide and seek.
外に行ってもいい？　かくれんぼしたい。

: Then, why don't we go to the big park?
じゃあ、大きな公園に行くのはどうかしら？

The one with the wobbly bridge by Sophia's school. It has a ball field.
ソフィアの学校のそばのグラグラ橋のある公園よ。野球場があるわよね。

: Isn't it too far away?
遠すぎるんじゃない？

: No, but we have to drive to get there.
ううん、遠くはないけど車で行かなくちゃね。

: Finish up your orange juice and let's get ready to go.
オレンジジュースを飲んでしまいなさい、行く準備しようね。

: Here we are. Mommy'll be "it" first.
Run away everyone! I'll count to ten.
さあ着いた。最初はママが「鬼」になるね。
みんな逃げて！　10まで数えるわよ。

---

wobbly グラグラする、ガタガタする、不安定な（shakyと同意語）
get ready to + 動詞／ get ready for + 名詞　～の準備をする
"(Get) ready, set, go!" 位置について、用意、スタート！
count to ten 10まで数える

[3] I want to play "hide and seek"!
『かくれんぼ』したい！

 : Let's hide, quick!
隠れよう、急いで！

 : 1, 2, 3, 4, 5, 6, 7, 8, 9, 10 !
Ready or not, here I come!
もういいかい、行くわよ！

 : There you are! Found you, Mark!
ほらそこにいた！　みつけた、マーク！

 : Where's Sophia gone? I'm coming to get you!
Is she under the slide? Got you!
ソフィアはどこに行ったかな？　つかまえに行っちゃうぞ。
すべり台の下かな？　ほらつかまえた！

 : Who's going to be "it" next?
次に鬼になるのは誰？

"Found you!"
『みーつけた！』

"ready or not, here I come"　かくれんぼで鬼が言う決まり文句
「準備ができていようといまいと、探しに行くぞ」という意味。日本でいう「鬼」は、英語圏では"it"。
"Are you ready?"に対する返事は "No, not yet" もしくは "Yes, ready"
「もういいかい？」「まあだだよ」「もういいよ」

第4章　Let's Play Outside!

Coffee Break

『～ごっこして遊ぼう／～ごっこしよう』

「～ごっこをする」は英語で"pretend to be ～"や"play ～"、「ごっこ遊び」は"pretend play"、「仮装（コスプレ）遊びをする」あるいは「着せ替えごっこをする」は"play dress-up"と言います。

恐竜ごっこしよう。
・Let's pretend to be dinosaurs.
・Let's play dinosaurs.

先生ごっこしよう。
・Let's play teachers.

"What are you doing now?"　　『何してるの？』
"We're playing teachers."　　『先生ごっこしてるの。』
"We're only pretending!"　　『まねごと（遊び）してるだけよ！』
"Kids enjoy dressing up."　　『キッズは仮装ごっこが好きです。』
"Do you want to play dress-up?"　『仮装ごっこしたいの？』
"I'm going to dress up as a pirate."『海賊に扮装するつもりよ。』

なお、「（人の）真似をする」なら、copyやimitateを使います。

・She's been imitating (copying) her mommy recently.
　彼女は最近ママの真似をしている。

ちなみに「～のふりをする」にもpretendが使われます。

"If I encounter a bear, should I pretend to be dead?"
『もし熊に遭遇したら死んだふりをすればいいの？』

"Maybe it won't work."
『たぶんダメだろうね。』

"Whenever I pretend to be asleep, I actually do fall asleep really fast."
『寝ているふりをすると、いつもほんとに早く眠ってしまうの。』

[3] I want to play "hide and seek"!

Coffee Break

『だるまさんがころんだ』
"Grandma's Footsteps"

世界中で遊ばれている子どもの遊び（鬼ごっこの一種）

世界各地によく似た遊びがありますが、呼称や掛け声がそれぞれの地域や国によって異なります。たとえば、日本の『だるまさんがころんだ』は、英国では "Grandma's Footsteps"（お婆ちゃんの足音）、米国では" Red Light Green Light（赤信号青信号）"、オーストラリアでは "London bridge fell down（ロンドン橋落ちた）"、フランスでは "Un, deux, trois, soleil"（1, 2, 3, 太陽）と呼ばれているようです。面白いですね。

"What do you want to play today?"
『今日は何をして遊びたい？』

Chapter 5

Things To Do Before Going To Bed
寝る前にすること

［1］ **Putting away toys**
　　　おもちゃを片づける

［2］ **Mark's tooth brushing**
　　　マークの歯みがき

［3］ **Taking a bath**
　　　お風呂に入る

〔覚えると便利なフレーズ〕

① **Put these things back where they belong.**
　これらのものを元にあったところに戻してね。

② **Brush your teeth before going to bed.**
　寝る前に歯みがきしてね。

③ **Can you run a bath?**
　お風呂の準備をしてくれる？

第5章 Things To Do Before Going To Bed

[1] Putting away toys

 : Ouch! I stepped on something!
Mark, I asked you to put your toys away earlier.
痛っ！ 何か踏んだ！ マーク、おもちゃを片づけてってさっき頼んだでしょ。

 : Sorry, Mommy, but I'm not done playing yet.
ごめんなさい、ママ、だけどまだ遊んでるんだもん。

 : It's impossible to walk around here!
(Mom sweeps the toys aside to clear a path to walk)
ここら辺は歩けないじゃない！（ママ、歩くためにおもちゃを脇にどける）

 : It's time to clean up.
Put these things back where they belong.
もう片づける時間よ。元にあったところに戻してちょうだいね。

 : OK, I will.
わかった、片づけるよ。

 : Take all your stuffed animals to your room, please.
ぬいぐるみは全部自分の部屋に持って行ってね。

 : OK, I'll do it. (showing no sign of action)
わかった、そうするよ。（取りかかる気配なし）

---

step on ~ 〜を踏む、踏みつける　I'm not done yet ➡p80 ㊳『もう終わった／まだ終わってない』

clean up / put away ~ / put ~ away：〜を片づける（"〜"が長いときは put away 〜に）
➡p80 ㊴ さまざまなものを『片づける』

where they belong それらがあるべき場所（belong/belong to 所属する）

stuffed animal ぬいぐるみ（stuffed 詰め物をした）

[1] Putting away toys

おもちゃを片付ける

 : Mark, you're a very good boy most times, but so far, you've been all talk, no action.
マーク、たいていはすごくいい子なんだけど、今のところ口で言うだけで何もしてないわよね。

 : No, Mommy. I'll do it right away!
(Mark started to clean up in a big hurry)
そんなことないよ、ママ。すぐにやるよ！（マーク大慌てで片づけ始めた）

"Wow, Mommy seems really mad at me."
『ワ〜オ、ママは本気で怒ってるみたいだ。』

---

all talk, no action ➡ p81 ㊵『口先ばかりで行動なし』
right away すぐに、ただちに
in a big hurry 大慌てで、大急ぎで

Vocabulary Building

㊳『もう終わった／まだ終わってない』

もう終わった？（済んだ？）
・Are you done yet?

うん、終わったよ。
・Yes, I'm done.

ううん、まだ終わってないよ。
・No, I'm not done yet.
・No, not (quite) yet.

㊴さまざまなものを『片づける』

散らかったものを片づける（元の場所にしまう）	**put things away / put away things / pick up*** ・Pick up your toys when you're done. 　遊び終わったらおもちゃを片づけてね。
元あったところに戻す	**put it back where it belongs** （＝ put it back where it came from）
物を片づけて整理整頓する	**tidy up / put things back in order** ・Let's tidy up！　お片付けしようね！ ・Why don't you tidy up your desk (your room)? 　机の上（部屋）を片づけたらどう？
部屋／場所（の汚れ）をきれいにする（清潔な状態にする）	**clean** ・I cleaned my room. 　部屋を掃除した。（ホコリなども掃除機やモップなどで） ・Could you clean the table? 　テーブルを拭いて（きれいにして）くださいますか？
片づけてきれいにする	**clean up** = make a place clean and tidy
テーブルの皿などを片づける（物を取り除く）	**clear / clear away / put away** ・Please help Mom clear the table. 　ママがテーブル（の皿）を片づけるのを手伝ってね。 ・Will you clear away the dishes please? 　（＝ put the dishes away） 　お皿を片づけてくれますか？ 　お皿　a dish (dishes 複数)、a plate (plates 複数)
仕事などを片づける	**get (something) done / finish** ・I have to get my work done first. 　まずは仕事を片づけねばならない。

[1] Putting away toys

> *pick upの本来の意味は『拾い上げる、持ち上げる』ですが、そこから さらに派生して発展したいろいろな使い方があります。
>
> | | |
> |---|---|
> | 電話に出る | pick up the phone |
> | 誰かをピックアップする（迎えに行く、車で拾う） | pick someone up |
> | ゴミを拾う | pick up the trash |
> | 部屋を片付ける | pick up one's room |

㊵『口先ばかりで行動なし』
all talk / all talk, no action / all talk and no action

- You're always all talk and no action！
  君はいつも口先ばかりで実行しないね！

- I don't want to be the type of person who's just all talk.
  口先だけで行動が伴わないような人間にはなりたくない。

- Typical politician: all talk, no action. Sounds good, doesn't work. Never gonna* happen!
  典型的な政治家だ ― 口先だけで、行動なし。聞こえはよいが、うまくいかない。実現することなど絶対ない！

* gonna = going to

> *『口先だけ』の別の表現と意味
>
> pay lip service, be all mouth, just talk, just saying that
>
> - You're just paying lip service to me.
>   口先だけのお世辞だよね。
>
> - He's all mouth ／ That's just talk.
>   彼は口先だけだ／口先だけのことだ。
>
> - You're just saying that! (You don't really mean it!)
>   社交辞令でしょ！（ほんとにそう思っている訳じゃないよね！）

第5章　Things To Do Before Going To Bed

[2] Mark's tooth brushing

: Don't forget to brush your teeth before going to bed. Let me help you, Mark.
寝る前に歯みがきするの忘れないでね。
手伝ってあげるわ、マーク。

: I can do it on my own.
自分でできるよ。

: Good boy!
いい子ね！

: Can I have my superhero toothbrush and the toothpaste, please?
僕のスーパーヒーロー歯ブラシと歯みがき粉くれる？

: Here you are. Let's do it together!
ここにあるわよ。一緒にやろうね！

Let me help you. 私に手伝わせて、お手伝いしましょう

toothpaste 昔は歯みがきに「粉」を使っていたので、「歯みがき粉」の訳が定着して習慣になってしまいましたが、現在は「練り歯みがき」ですね。

[2] Mark's tooth brushing

マークの歯みがき

: Put a little bit of toothpaste on it.
Then, move it up and down, up and down, several times...
歯みがき粉を少しつけてごらん。そして、上下、上下、何度か繰り返して…

From side to side, using small circular motions...
That's right! Brush every tooth.
左右に、小さく円を描くように…その調子よ！ 全部の歯を磨いてね。

: I'm done!
終わったよ！

: Spit it out and rinse your mouth out well with water.
吐き出して、お水でお口をよくぶくぶくしようね。

: Good! Keep going!
いいね！ その調子！

---

move it up and down 上下に動かす、**from side to side** 左右に
　➡ p84 ㊶『上下、前後、左右、裏表』（対語）

rinse one's mouth (out) with water 水で口をゆすぐ
　（ゆすいだあとに吐き出すので"out"をつけることがあります）

keep going そのまま続けて

Vocabulary Building

㊶『上下、前後、左右、裏表』(対語)

意味の上で反対の関係にある語{対(つい)をなしている語}は会話でもよく使われます。

前後に （動く move ～、揺れる sway ～など）	back and forth backward and forward （米語は形容詞のみ） ＊イギリス英語では形容詞の場合は末尾のsをつけずに、副詞の場合はsをつけて使用（副詞 backwards and forwards）
行ったり来たり、前後にあちこちに	to and fro
左右に	from side to side 　from left to right 左から右に 　from right to left 右から左に
時計回りに（右回りに） 反時計回りに（左回りに）	clockwise counter-clockwise（米語） anti-clockwise（英語）
後ろに動く、後退する 前に動く、前進する	move backward move forward / move ahead （「物事を進める」意味もあり）
裏返しに、ウラオモテ逆に	inside out ・You're wearing a T-shirt inside out. 　Tシャツを裏返しに着てるよ。
上下逆さまに	upside down ・He held the bottle upside down and shook it. 　彼はそのビンを逆さまに持って振ってみた。
後ろ前逆に （あべこべに）	back to front ・He always wears his baseball cap back to front. 　彼は野球帽をいつも後ろ前にかぶっている。

[2] Mark's tooth brushing

Coffee Break

正しい歯のみがき方

Using the tip of your brush, gently brush the front and back of every tooth.
歯ブラシの先端を使って、すべての歯の前側や裏側をやさしくみがきましょう。

❶ Place toothbrush at a 45-degree angle to the gums.	歯ぐきに対して45度の角度に歯ブラシを置きます。
❷ Gently move the brush up and down in short strokes.	歯ブラシを小刻みに上下に優しく動かします。
❸ Brush the outer surfaces and the inner surfaces of the teeth.	歯の外側と内側をみがきます。
❹ Use the tip of the brush to clean the inside surfaces of the front teeth, using a gentle up-and-down stroke.	歯ブラシの先端を使って上下に優しく動かして前歯の裏側（内側）もきれいにします。
❺ Brush your tongue to remove bacteria and freshen breath.	舌もきれいにしてバイ菌を取り除き、吐く息もきれいにしましょう。

"Well, how white did my teeth get?"
『さて、僕の歯はどのくらい白くなったかな？』

第5章　Things To Do Before Going To Bed

[3] Taking a bath

 : Mommy, can you run a bath for us, a hot one, please?
ママ、お風呂の用意をしてくれる？ 熱いのお願いね。

 : The bath is ready!
お風呂の準備ができたわよ！

 : Let's take a bath!
We've had a long hard day today.
さあ、お風呂に入ろう！
今日は長い大変な一日だったね。

 : I want to get in with Daddy.
僕、パパと一緒に入りたい。

 : OK, Mark. Can you take your clothes off on your own?
いいよ、マーク。自分で洋服は脱げるかな？

 : Help me, Mommy!
ママ、手伝って！

 : Let's unbutton it.
You can do it, can't you?
ボタンを外そうね.
自分でできるよね？

---

run a bath, the bath is ready, take a bath ➡ p88 ㊷ お風呂に関連する表現
unbutton ボタンをはずす ➡ p19 ④『洋服を着る』に関連する表現

[3] Taking a bath

お風呂に入る

 : Mark, let me wash your hair.
Put on this shampoo hat, and close your eyes.
マーク、髪を洗ってあげるよ。
このシャンプーハットをかぶって、目を閉じてごらん。

 : Daddy, my eyes sting!
パパ、目がしみて痛いよ！

 : Oh, no! Don't rub!
Quick, wash your eyes with tap water.
しまった！こすらないで！　急いで水で洗ってごらん。

"Nothing is better than taking a relaxing bath at the end of a tiring day!"
『疲れた一日の終わりはお風呂でリラックスするのが一番だね！』

---

sting 刺す、ちくちく痛む、ヒリヒリする
　➡ p89 ㊸『目にしみる』
rub こする、なでる、さする　(**scrub** ゴシゴシこする、こすって落とす)

Vocabulary Building

㊷ お風呂に関連する表現

to run a bath = to fill a bathtub with water to prepare a bath to draw a bath to run water for the bath	お風呂の準備をする ＝ 水を浴槽に入れる
Would you fill the bathtub?	お風呂に水をいれてくれる？
heat the bath water (heat the water in the bath)	お風呂を沸かす
Would you go turn off the water?	（お風呂の）水を止めてきてくれる？
The bath is ready.	お風呂がわきました。
How is (the temperature of) the bath? It's just perfect. / Just right. Could you see how hot the water is? Is it hot, lukewarm or perfect? Is it still a bit tepid? Shall I add some more hot/cold water?	湯加減はどうですか？ ちょうどいいです。 湯加減を見てくれる？ 熱すぎる、ぬるい、ちょうどいい？ まだ少しぬるいかな？ もう少し熱いお湯／水を足しましょうか？
The bathwater is hot enough. The bathwater is not hot enough.	お湯加減はちょうどいいです。 お湯はまだぬるいです。
Pour some of the bathwater over yourself before getting into the bath.	お風呂に入る前にお湯をかけてね。
take a bath / have a bath	お風呂にはいる
the bath water ran over/spilled over/overflowed	お風呂の水があふれた
soak in the bath	湯船に浸かる
soak up to one's shoulders	肩まで浸かる
wash one's back rinse one's back	背中を洗う 背中を流す
Let's scrub your back.	背中をゴシゴシしようね。
lather up	泡立てる
rinse off the bubbles/rinse off the soap	泡/石鹸を洗い流す
get out of the bath	お風呂から出る

[3] Taking a bath

㊸『目にしみる』

- The shampoo stings my eyes.
  シャンプーが目にしみてひりひりする。

- The smoke stings my eyes.
  (= The smoke is making my eyes sting.)
  煙が目にしみて痛い。

- My eyes are burning.
  目が焼けるように痛い(ヒリヒリする)。
  (玉ねぎを切っているようなときにも使います)

- My eyes hurt. / My eyes are sore.
  目が痛い。

"Too foamy! My eyes hurt!"
『泡だらけだ！目が痛いよ！』

Chapter 6

Bedtime Stories and Chats
寝る前の読みきかせとおしゃべり

[1] **Time for bed now**
もう寝る時間よ

[2] **Nightly chats before bed**
寝る前のおしゃべり

[3] **Bedtime reading to children**
寝る前の読みきかせ

〔覚えると便利なフレーズ〕

① Have you had a bedtime wee?
寝る前のオシッコした？

② Is there anything you want to talk about?
何かお話ししたいことがあるかな？

③ Which book do you want me to read for tonight?
今夜はどの本を読んでほしいの？

第6章　Bedtime Stories and Chats

[1] Time for bed now

 : **Time for bed now.** Where is your doggy?
もう寝る時間だよ。ワンちゃんはどこ？

 : I **tucked** him **into** bed.
ベッドに入れて毛布でくるんであげたよ。

 : OK. Have you had **a bedtime wee?**
寝る前のオシッコした？

 : No - I'll go now.
ううん、今から行く。

 : Make sure you wash your hands.
手をちゃんと洗ってね。

 : Yes Daddy.
うん、パパ。

 : OK, good! I love you.
オーケー。愛してるよ。

 : I love you too, Daddy.
I love you to the moon and back !
私も愛してるよ、パパ。
月まで行って戻ってくるぐらいすごく愛してる！

 : I love you to **Pluto** and back !
冥王星まで行って戻ってくるくらい愛してるよ！

Time for bed now / It's bedtime now. もう寝る時間よ
tuck in/into ➡ p94 ㊹ "tuck in"の使い方
bedtime wee 寝る前のオシッコ ➡ p95 Coffee Break
I love you to the moon and back ➡ p96 Coffee Break

[1] Time for bed now

もう寝る時間よ

 : Do you know Pluto isn't a planet?
The scientists said it's a dwarf planet.
冥王星は惑星じゃないって知ってる？
科学者が準惑星だって言ってた。

 : Really? Wow!! Night night, baby girl.
本当？ ワーオ！ おやすみ おやすみ かわい子ちゃん。

 : Night night, baby Daddy.
おやすみ おやすみ、かわいいパパちゃん。

 : Sweet dreams!
See you tomorrow, I love you！(Mwah!)
良い夢を！ あしたまたね、愛してるよ！(チュッ！)

"I can't keep my eyes open... already falling asleep..."
『目を開けてられない…もう眠りに落ちつつある…』

Pluto ➡ p136 Coffee Break
Mwah チュッ、ムチュッ（キスの擬音語）

Vocabulary Building

㊹ "tuck in" の使い方

1）毛布やシーツなどをマットやからだの下に入れる、くるむ

- I will come tuck you in and read you a story in a minute.
  すぐにあなたをベッドに寝かせて（毛布でくるんで）本を読んであげるからちょっと待っててね。

> ＊ 日本ではフトンや毛布などをからだの下に入れるという習慣がないためわかりにくいですが、単に「毛布やフトンをかける」だけでなく、「くるむ、くるんであげる」というニュアンスが含まれています。

2）たくし入れる、押し込む（シャツの裾をズボンやスカートに）

- Please tuck in your shirt!
  シャツをズボンに入れてね！

- If you leave your shirt untucked, you'll almost undoubtedly look sloppy.
  シャツを出したままだと、ほぼ間違いなくだらしなく見えるよ。

"Cats and dogs tucked in bed. So cute!"
『毛布でくるんでもらったワンニャン。すごくかわいいね！』

"My cat tucks herself in when it's cold."
『私の猫は寒いとき自分で毛布の下にもぐりこみます。』

[1] Time for bed now

Coffee Break

幼児語の『オシッコ』、『ウンチ』、『オナラ』ってどういうの？

オシッコ（をする） （名詞＆動詞）	wee-wee, pee-pee (wee, pee) • I need pee-pee! オシッコしたい！ • Do you want to wee-wee (wee / pee)? 　シーシーしたいの？
寝る前のオシッコ	bedtime wee (wee-wee)
ウンチ（をする）	poo-poo, poop (poo)（名詞＆動詞） poopy（名詞＆形容詞） • Do you need to go poo-poo? 　Just don't do it in your pants, OK? 　ウンチに行きたい？ パンツの中にしないでよね？
オナラをする （名詞＆動詞）	toot, poot • Someone just tooted (Somebody just pooted). Who tooted? 　誰かさんが今オナラした。誰がオナラしたのかな？
	オトナ語：break wind*/ cut the cheese* 　　　　　 pass gas* / fart（直接的） • Did you break wind? / Did you pass gas? / Did you fart? (直接的) 　オナラした？ * 婉曲的な表現が使われることが多く、数多くの言い換え表現があります。直接的なfartは通常の会話では避けることが多いです。

第6章 Bedtime Stories and Chats

Coffee Break

"I love you to the moon and back."

Sam McBratney作 の絵本 "Guess how much I love you"（日本語版『どんなにきみがすきだかあててごらん』）に出てくる言葉で、この本の中には "I love you right up to the moon and back" と書かれています。英国の子供たちは、この絵本でこの素晴らしい言葉を覚えるようです。

これとは別の"I love you to the moon and back"と題する絵本もあります（illustrated by Tim Warnes）。また、人気歌手テイラー・スイフトの "Ronan"と題する歌にも、歌詞に "I love you to the moon and back" が出てきます。この歌は幼くして癌で旅立った息子を悲しんだ母親がブログに綴った言葉に、テイラー・スイフトが感銘を受けて作詞作曲したものとされています。

『月に行って戻ってくるほど好き』『どんな苦労も厭わないほど愛してる』という意味で、『言葉にできないほど愛してる』という感じでしょうか。

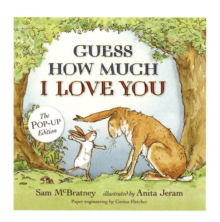

[1] Time for bed now

"I love you to the moon and back" means, I guess,
"I love you more than you can imagine."
『月に行って戻ってくるくらい愛してる』の意味は、思うに、
『あなたが想像できないほどすごく愛してる』ってことかな。

[2] Nightly chats before bed

 : No more playing.
もう遊びはそこまでよ。

Before you go to sleep, is there anything you want to talk about?
寝る前に何かお話ししたいことある？

 : Umm... John's tooth fell out on the playground.
えーとね... ジョンの歯がぬけて遊び場に落ちちゃったの...

 : Oh, well! What happened then?
わあ 大変！ それでどうしたの？

 : So, I called Ms. Smith as John was looking for it
それでね、ジョンが落とした歯を探してたので、僕がスミス先生を呼んだの

 : Is that so. And then?
あらまあ、それから？

 : Ms. Smith came and found it in the sandbox.
スミス先生が来てね、砂場でその歯を見つけたの。

 : That was lucky. And then?
それはラッキーだったわね、それからどうしたの？

---

fall out（come outともいう）歯が抜ける ➡ p102 ㊺ 歯に関連する表現

[2] Nightly chats before bed

寝る前のおしゃべり

 : And she picked it up and told John the "tooth fairy" would come if he put it under his pillow.
先生はそれを拾って、もしその歯を枕の下に置いたら『歯の妖精』がくるよ、ってジョンに言ったの。

 : That's right! Tell me a little bit more about it.
その通りよ！もう少し話してくれるかな。

What exactly did Ms. Smith say to John?
Do you remember?
正確にはスミス先生はジョンになんと言ってたの？
覚えてるかな？

 : Yes, I do.
She said the tooth fairy would visit him and exchange it for something nice while he was sleeping!
うん。覚えてるよ。
先生はね、ジョンが寝ている間に歯の妖精が来て、それをなにかほかのすてきなものと取り換えるんだって言ってたよ！

Tooth fairy 歯の妖精 ➡ p101 Coffee Break

exactly 正確には、正確にいうと

exchange A (the tooth) for B (something nice)　A（歯）をB（何かすてきなもの）と取り替える（交換する）。

第6章　Bedtime Stories and Chats

 : **Wow, good memory Mark! That's really great! What did John say to that?**
ワーオ、よく覚えてるわね、マーク！本当にすごいわ！
ジョンは何と言ってた？

 : **He was very happy and said thank you to Ms. Smith.**
ジョンもすごくハッピーだったよ、そしてスミス先生にありがとうって言ってたよ。

 : **The tooth fairy will be ready to visit you, too, when your baby tooth falls out, you know.**
マークの乳歯が抜けたら、歯の妖精がマークにもすぐに来てくれるからね。

Thank you for sharing this wonderful story with Mommy!
こんな素晴らしいことをママに話してくれてありがとう！

 : **(Just smiling so happily.)**
（うれしそうに微笑んでいる。）

 : **Now, sweet dreams. I love you Mark.**
じゃあ、おやすみ。愛してるわよ、マーク。

 : **Goodnight. I love you too, Mommy.**
おやすみなさい。僕もママを愛してるよ。

Thank you for sharing 共有してくれてありがとう、教えてくれてありがとう。
= thank you for telling me / thank you for letting me know. ➡ p103 Coffee Break

[2] Nightly chats before bed

Coffee Break

歯の妖精(Tooth fairy)とは

抜けた乳歯をコインやプレゼントと交換してくれる妖精のこと。

米国や英国など、英語が母国語の国々では抜けた乳歯を枕の下に入れて眠ると、夜中に歯の妖精がその歯をもらいに来て、代わりにコイン（もしくはプレゼント）を置いてくれると言い伝えられています。

子どもたちは歯の妖精をサンタクロースのようにとても楽しみに眠るそうです。

日本でも抜けた乳歯が上の歯の場合には床下に、下の歯の場合は屋根に向かって放り投げるとよい、との言い伝えがありますが（今ではあまり行われていない？）、どちらも生えかわる永久歯が丈夫でありますように、という願いが込められているようです。

子どもたちは、歯の妖精にお手紙を書いたり、歯の妖精（両親！）がお礼の返事を書いてくれたりするそうです。まるでサンタさんみたいで、かわいいですね！

"My front tooth fell out!"
『前歯が抜けた！』

Vocabulary Building

㊺ 歯に関連する表現

(複数は teeth)

乳歯（こどもの歯）	baby tooth, milk tooth
大人の歯／永久歯	adult/permanent tooth
親知らず	wisdom tooth
前歯	front tooth
奥歯	back tooth
犬歯	canine tooth/dog tooth eyetooth（上の犬歯、糸切り歯）
八重歯	devil's tooth/vampire tooth/double tooth
虫歯	cavity（穴）, bad/decayed tooth
歯が抜ける	fall out/come out/lose one's tooth
歯が生える	come in
歯がぐらぐらしている	have a loose tooth
ぐらぐらしている歯を抜く	pull out a loose tooth
虫歯ができる	have/get a cavity
歯肉炎（歯齦炎）	gingivitis
歯周病がある	have gum disease/periodontal disease
歯の治療をする	fix a cavity（虫歯の治療をする） fix one's teeth（歯をなおす）
歯の矯正をする	correct one's teeth get braces（歯列矯正装置をつける） orthodontic treatment（矯正治療）
（歯の）詰めもの	filling • My (tooth's) filling fell out. 　歯の詰めものが取れた。

[2] Nightly chats before bed

Coffee Break

"share"の主な意味と使い方

"share"にはいろいろな意味がありますが、主として『(経験や考え、感情などを)分かち合う、共有する、話す』というような意味で使われます。

～が好きだという共通点がある
share a love of (music, gardening, writing, nature, etc.)
- We share a love of music.
  私達には音楽が好きという共通点がある。

～と～を分かち合う、～(愛、気持ち、時間など)を共有する
share ～ with someone
- John is the person she wants to share her life with.
  ジョンは彼女が人生を分かち合いたいと思っている人だ。

誰かに～(特別なこと、個人的なこと)について話す
tell someone about (something special / something personal)
- He has never shared that secret with anyone before.
  彼はその秘密について今まで誰にも話したことがない。

"If you have a home, and there's
enough room for me,
can I share the room with you please?
I've got lots of love to share…"

『もしお家を持ってて、
私もはいれる場所があるなら、
お部屋をシェアさせてくれないかしら？
私、愛ならあふれるほど
持ってるんだけど…』

[3] Bedtime reading to children

 : Mark, which book do you want me to read for tonight?
マーク、今夜はどの本を読んでほしい？

 : The dinosaur book, please.
恐竜の本お願い！

 : You have two dinosaur books. Which one do you like?
恐竜の本は2冊あるでしょ。どっちがいいの？

 : I want "How Do Dinosaurs Say Good Night?".
『恐竜たちはおやすみなさいってどう言うの？』がいい。

 : Oh, the one in which young, sleepless dinosaurs are behaving very badly?
すぐに眠らない、お行儀のすごく悪い恐竜の子たちの本ね？

 : Yes, that's very funny!
そうだよ、すごく面白いもん！

 : Do you think it's good for a bedtime story?
あの本がお休み前に読むのにぴったりと思うの？

 : Yes, I love dinosaurs!
うん、恐竜大好き！

---

sleepless 眠れない、眠らない ➡ p106 ㊻『寝る』に関連する表現
behave badly 行儀悪くふるまう

[3] Bedtime reading to children

寝る前の読み聞かせ

: After I'm done, I will turn off the light, and then, you go to sleep... I mean, don't act like a dinosaur. OK?
読み終わったら、電気を消すからね、そしたら、寝るのよ…
つまり、恐竜みたいにやっちゃダメよ、わかった？

: Yeah, I got it, Mommy!
うん、わかったよ、ママ！

"What if I dream about dinosaurs attacking me..."
『もし恐竜が襲ってくる夢を
みたらどうしよう…』

---

turn off the light / turn on the light 電気を消す／点ける

go to sleep 眠りにつく ➡ p106 ㊻『寝る』に関連する表現

I got it ➡ p107 ㊼『わかった』『了解』

Vocabulary Building

㊻『寝る』に関連する表現

寝る、眠りにつく	go to sleep ・Go to sleep. It's late. 　寝なさい。もう遅いよ。
寝る（ベッドに行く）	go to bed
（赤ちゃん）を寝かしつける	put (my baby) to bed ・I put my daughter to bed. 　娘を寝かしつけた。 "put (someone) to sleep" では、①『（ヒトを）寝かしつける』意味のほかに、②『麻酔や薬などで（ヒトを）眠らせる』という意味もあります。 また、"put (animal) to sleep" は③『（動物を）安楽死させる』という意味にもなりますので、言葉の使い方を間違えると大変なことに！
眠りに落ちる	fall asleep
朝遅くまで寝る （意識的に遅くまで寝る）	sleep in ・Mommy sleeps in on the weekends. 　ママは週末はいつも遅くまで寝ている。
寝坊する（うっかり）、寝過ごす	oversleep
眠れない	sleepless ・I spent a sleepless night. 　(= I spent the night awake.) 　眠れない夜を過ごした。 sleepless は「眠らない」の意味もあります。 ・NY is a sleepless city 　ニューヨークは眠らない都市です。

[3] Bedtime reading to children

㊼『わかった』『了解』

『わかった』『了解』は"OK"以外にもいろいろな言い方がありますが、その場の状況でニュアンスが異なります。

I got it. Got it. Yes, I get it. （Yes, I get that.）	わかった。（カジュアル、口語的） 了解。
Understood. （= It's understood). I understand. I get the point.	了解。 理解しました／わかりました。 要点はわかりました。
Noted.	了解。 （メールなどで使われる時、 "Noted with thanks" 『了解。ありがとう』）
No problem.	了解（問題ありません）。
All right.	了解（大丈夫です）。
You got it?（語尾をあげる） You got it!（語尾を下げる）	わかった？ そのとおり！／了解！ （状況によって意味が変わります）

Chapter 7

Let's Be Careful!
気をつけようね！

[1] Pillow fight: Don't go too far!
　　　枕投げ：度が過ぎないように！

[2] Tips for a safe bus ride
　　　バスに乗るとき気をつけること

[3] Look right-left-right again
　　　右を見て、左を見て、もう一度右を見て

〔覚えると便利なフレーズ〕

① Does it make sense?
　　わかるよね？
② I just don't want to feel rushed.
　　急かされてる感じが嫌なの。
③ You can give it a try.
　　やってみてごらん。

第7章　Let's be careful!

[１] Pillow fight: Don't go too

 : **What have you got to say**, Mark?
いいたいことがあるなら言ってごらん、マーク？

 : Sorry.
ごめんなさい。

 : Sorry for what?
何に対してごめんなさいなの？

 : Throwing a pillow.
枕を投げたこと。

 : Come here and say sorry properly.
こっちに来て、きちんとあやまりなさい。

 : **I'm sorry for** throwing a pillow at Sophia's face.
ソフィアの顔に枕を投げてごめんなさい。

 : And what happened then?
それから何が起こったのかな？

 : I almost **choked on** the feathers from the ripped pillow! And, Daddy had to clean up the feathers scattered all over the room...
破れた枕の羽で窒息しそうになったのよ！それに、パパは部屋中に散らばった羽を掃除しなければならなかったし…

 : Mark, you just **went too far. Make sense**?
マーク、ちょっとやり過ぎたんだよ。わかるよね？

What have you got to say (for yourself)?
何か悪いことをしたときに『言い訳があるなら言ってごらん』、『弁解できるの？』の意味
I'm sorry for ～　➡ p112 ㊽ "I'm sorry" の意味いろいろ
choke on ～　喉を詰まらせる（自動詞）。もし be choked by/with ～（他動詞）にすると、「窒息させられる」（首をしめられるような）ニュアンスになります。

far!　度が過ぎないように！

 : Yes. But, I just wanted to play.
うん。だけど、遊びたかっただけなんだよ。

 : I know, you are a mighty boy! That's OK darling, just don't do it again please.
わかってるよ、君が力の強い男の子だって！
もういいよ、だけど、二度とやっちゃだめだよ。

 : I won't, Daddy
もうやらないよ、パパ。

 : I love you, Mark.
愛してるよ、マーク。

"Say uncle* !" "No way! "
『参ったと言え！』『言うもんか！』

* 通常会話で"uncle"は『おじさん』ですが、ふざけたケンカなどでは to give up, to admit defeat, to surrender, to cry for mercy などの意味で使われ、『降参する、負けを認める』を意味します（米口語的表現）。

---

went too far ➡ p112 ㊾『度を越している』『やり過ぎだ』
make sense ➡ p113 ㊿『私の言ってることがわかりますか？』
mighty ➡ p114 (51) いろいろな意味の『強い』

Vocabulary Building

㊽ "I'm sorry" の意味いろいろ

ごめんなさい。 申し訳ありません。	I'm sorry I'm so late/I'm sorry for being so late/Sorry I'm so late. すごく遅れてしまってごめんなさい。
恐縮ですが（ご迷惑とは存じますが、お手数をおかけしますが）	I'm sorry to trouble you, but can you help me? 恐縮ですが、手伝っていただけますか？
残念です。	I'm sorry to hear the bad news. I'm sorry to hear that. 悪い知らせを聞いて残念です。
お気の毒です。 ご愁傷様です。	I'm very sorry to hear that your mother passed away. お母様が亡くなられたとのこと、お悔やみ申し上げます。
お言葉ですが、	I'm sorry to say, but I do not agree with your suggestion. お言葉ですが、あなたの提案には賛同できません。
お断りします。	I'm sorry, but I can't invite you to my house. 申し訳ありませんが、あなたを家にご招待できません。

㊾『度を越している』『やり過ぎだ』

go too far, carry it too far

- You are going too far.
  やり過ぎだよ（言い過ぎだ、極端だ）
- Sorry, I went too far.
  ごめん、言い過ぎたよ。
- Don't go too far.
  度を過ぎないように。
- You carried the joke too far.
  冗談にもほどがあるよ。

[1] Pillow fight: Don't go too far!

㊿『私の言っていることがわかりますか？』
①Do you understand (me)?
②Am I making sense (to you)? / Does that make sense (to you)?

上記①と②はどちらも自分が話していることを相手が理解しているかどうか確認したいときの聞き方ですが、ニュアンス的には大きな違いがあります。

もし①のように聞いた場合、声のトーンにもよりますが、聞かれたほうは「上から目線で失礼ね！」と感じるかもしれません。すなわち、『あなたはちゃんと理解しているの？（理解できない場合は、『あなた』のほうに問題がある）』、というニュアンスが微妙に含まれているからです。

それに対して②の聞き方の場合は、『私の言っていることは意味をなしていますか？（『私』は筋の通った説明をしていますか？）』、という意味で、問題がある場合は『私』のほう、というニュアンスが含まれています。

したがって、②のほうが相手に不快な思いをさせませんが、それにもまして、表情や声のトーンが重要なことは言うまでもありません。

- That makes sense!
  なるほど、それならわかる！

- That doesn't make sense.
  わけがわからない（おかしいよ）。

- You're not making any sense!
  あなたの言ってることはさっぱりわからない！
  （一体何が言いたいわけ、どうしたいの？）。

"You are driving me crazy!
I don't know what's what!"
『君には本当にイラつくよ！
何が何だかさっぱりわからないよ！』

Vocabulary Building

(51)いろいろな意味の『強い』

力が強い	strong
影響力が強い	powerful, strong influence
強い体（筋骨たくましい）	muscular, well-built（がっしりした）
頑固な	stubborn
精力的な、エネルギッシュな	energetic, full of energy
強風 豪雨／強雨（激しく降る） 雨と風が強い	strong winds heavy rain (rain heavily) ・It is supposed to rain heavily tomorrow. 明日は雨が激しく降るようだ。 strong wind and rain
英語に強い／英語がうまい	strong in English/good at English
お酒に強い 大酒飲み／酒豪 彼は大酒のみだ。	a strong drinker a heavy drinker ・He is a heavy (big) drinker. ・He can drink a lot.

[1] Pillow fight: Don't go too far!

"Let's get some rest*! We spent a lot of time learning English. I feel like my head is about to explode!"
『ちょっと休憩しよう！英語の勉強にすごい時間を費やしたね。頭がパンクしそうだよ！』

* "take/have a break for 15 minutes", "take a 15 minute break"
  『15分休憩しよう』

第7章　Let's be careful!

[2] Tips for a safe bus ride

 : Since Daddy is away on business, how about going to the London Zoo just the three of us today?
パパがお仕事でいないから、3人でロンドン動物園に行くのはどう？

 : Wow, Mommy. Good idea!
ワーオ、ママ。いいね！

 : How about going by bus?
A 9:30 bus should be good.
バスで行くのはどう？
9時半のバスでいいわよね。

 : Yay! Let's go!
イエーイ！ 行こうよ！

 : What time should we leave for that?
そのバスに乗るのに何時に家を出ればいいかしら？

 : It'll take 3 minutes to walk to the bus stop, so, we need to leave here at least 5 minutes before 9:30, so, 9:25.
バス停まで歩いて3分だから、
ここを5分前の9時25分に出なければね。

---

tips 情報、ヒント、助言
be away on business 仕事で出張している

[2] Tips for a safe bus ride

バスに乗るとき気をつけること

 : Oh, isn't that too late?　We should allow enough time to get there.　Say, 9:20?
あら、それは遅すぎるんじゃない？　もうちょっと余裕をもったほうがいいわよね。9時20分はどう？

 : OK, that should be enough time.　Mommy is a worrier anyway.
いいよ、それなら十分な時間だね。とにかくママは心配性だからね。

 : Just in case, we'd better allow extra time to walk.　I just don't want to feel rushed.
(何があるかわからないから)念のため、歩くのに余裕をもつほうがいいわよ。せかされてる感じは好きじゃないの。

"Here comes the bus!"
『バスが来た！』

We should allow enough time.　➡ p118 ㊿『時間に余裕をもって』、p119 ㊼『ギリギリの行動をする』

That should be enough time　➡ p119 ㊴『十分な時間／お金があるはず』

a worrier 心配性　　anyway なんだかんだ言っても、どうせ

feel rushed せかされている感じがする、あわただしく感じる

Vocabulary Building

㊵『時間に余裕をもって』

**allow enough time, give / leave / allow oneself plenty of time
extra time, with time to spare, allow / give some leeway**

- You better allow enough time when planning your trip.
  旅行の計画は余裕を持って立てたほうがいいよ。

- You should leave (give/allow) yourself plenty of time to get to the airport.
  余裕を持って空港に行ったほうがいいよ。

- Give yourself plenty of time to arrive at the interview location.
  面接会場に行く際は、時間に余裕をもって着くように。

- We got to the airport with much time to spare.
  (= we arrived at the airport 〜).
  私たちはかなりの余裕をもって空港に着いた。

- Do you have any time to spare tomorrow?
  明日（空いている）時間がありますか？

- It's always a good idea to give yourself a bit of leeway when picking up your rental car.
  レンタカーをピックアップする際は、少し時間的余裕をもって受け取りに行くのがよいです。

> * leeway は『余裕、余地、自由裁量』などの意味。

"Don't worry. As for me, I like to do things with time to spare."
『心配しないで。私についていえば、時間にゆとりを持って物事に取り組むのが好きなの。』

㊴『ギリギリの行動をする』(主に時間)
cut it close(米語)、cut it fine(英語)

『時間的にギリギリの行動をする』という意味で、何かあったら間に合わないというニュアンスが含まれています。

- Don't you think you're cutting it a bit close?
  ちょっとギリギリすぎると思わない？

- Wow! That was cutting it awfully close!
  うわぁ！おっそろしくギリギリだったよ！

> * cut it close だけで『ギリギリ』の意味は含まれていますが、さらに強調したい場合は too や awfully などをつけることもあります。
>
> - Cutting it too (awfully / dangerously / extremely / horribly) close!
>   あまりにもギリギリだ(ギリギリ過ぎて危険だ)！

㊴『十分な時間／お金があるはず』
should be enough time / money

- There should be enough time for you to prepare for the meeting.
  あなたが会合の準備をする時間は十分にあるはずです。

- Should an hour be enough time to check in at the airport?
  空港の搭乗手続きに1時間あれば十分かしら？

- As I've been saving all the change in my piggy bank for almost five years now, there should be enough money to buy a bike.
  約5年間貯金箱にお釣りを貯めてきたので、自転車を買うのに十分なお金があるはずだ。

> * change お釣り（動詞は『～を両替する』）
>   piggy bank 貯金箱（必ずしもブタの形に限りません）
>
> - (Pay with) exact change, please.
>   お釣りのないよう、ぴったりの金額でお願いします。

第7章 Let's be careful!

[3] Look right-left-right again

: Mark, remember the road safety rules?
Look right, look left, look right again when you cross the road.
マーク、交通安全のルールを覚えてるわよね？
道路を渡るときはまず右を見て、左をみて、もう一度右を見るのよ。

: Yes, of course.
もちろん、覚えてるよ。

: And, stay out of the street while waiting for the bus, and…
バスを待っているときは道路に出たらダメよ、それから…

: And wait until the bus comes to a complete stop.
それとバスが完全に止まるまで待つのよね。

: That's right. And, when boarding or exiting the bus, stay in a single-file line and hold onto the handrail. OK?
そうよ。それから、バスに乗るときや降りるときは、一列に並んで、手すりをしっかりつかむこと。いいわね？

---

look right, look left, look right again 日本では『右を見て、左を見て、もう一度右を見て』ですが、車が右側通行の米国やカナダでは『左を見て、右を見て、もう一度左を見て』となります。（最後にもう一度、自分がいる側に向かってくる車がないかどうかチェック）

in a single-file line ＝ in single file 一列に縦に（並ぶ）

hold onto～　～をしっかりつかむ

[3] Look right-left-right again

右を見て、左を見て、もう一度右を見て

 : Yes, Mommy. Here comes the bus! Can I give the bus driver a high-five?
わかってるよ、ママ。ほら、バスが来た！
バスの運転手さんにハイ・タッチしてもいい？

 : It's not a school bus, but you can give it a try. Let's see how he reacts.
スクールバスじゃないけどね、やってみてごらん。
運転手さんがどう反応するかみてみようね。

"Crossing the road is very dangerous! Firstly, find a pedestrian crossing*.
Look in all directions for approaching vehicles, and make sure if it's safe to cross.
Keep looking while crossing!"
『道路を渡るのはすごく危険だね！まず、横断歩道を探すんだ。
近づいてくる車などがないかどうか全方向を見て、渡っても安全かどうか確かめるんだ。
渡っている間も見続けるんだよ！』

* Pedestrian crossing 英語　　Crosswalk 米語

---

a high-five『ハイタッチ』のこと（ハイタッチは和製英語）。
give it a try ➡ p122 ㊺『やってみよう／試してみよう』
Let's see how he reacts ➡ p122 ㊻『〜がどうなるか様子をみよう』

Vocabulary Building

㊽『やってみよう／試してみよう』
give it a try, give it a go, give it a shot

I'll (just) give it a try.	（とにかく）やってみるよ。
Let's give it a try.	（試しに）やってみようよ。
Do you want to give it a try?	試してみたいですか？
Why don't you give it a go?	やってみたらいいんじゃない？
You can give it a shot and see for yourself.	やってみて自分の目で確かめればいいよ。
* see for yourself 自分の目で確かめる	

*give it a listen 聴いてみて
- Would you like to give the CD a listen before buying it?
  買う前にこのCDを聴いてみたいですか？

最近の会話ではtake a listen, have a listenなどのようにlistenが名詞として使われているようです。「言葉は生き物」と言われますが、特に話し言葉は、時代によってどんどん変わっていきますね！

㊾『〜がどうなるか様子をみよう』
"Let's see how/what 〜"

Let's see how it goes. Let's see what happens. We'll see what happens. Let's wait and see.	どうなるか様子を見てみよう。 （いずれも同じような意味）
Let's see what she thinks.	彼女がどう思うかみてみよう。
Let's see how it works. Let's see if it works.	うまく行くかどうかみてみよう。

[3] Look right-left-right again

Coffee Break

車の左側／右側通行を行っている国
Countries with left- & right-hand traffic

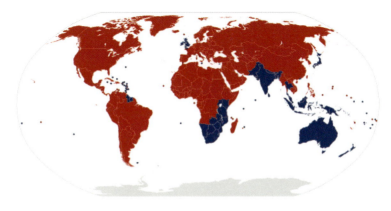

■ 車両の左側通行を行っている国
■ 車両の右側通行を行っている国

（出典：ウィキペディア）

車の左側通行（drive on the left）：
日本、英国、オーストラリア、ニュージーランド、インド、シンガポール、マレーシア、タイ、ネパール、南アフリカ共和国など。

Chapter 8

Various Events
さまざまな行事

[1] **Father's Day**
父の日

[2] **Teacher's home visit**
先生の家庭訪問

[3] **Going to London**
ロンドンに行く

〔覚えると便利なフレーズ〕

① **I could've done it.**
しようと思えばできただろう。

② **We'll just have to wait and see.**
様子をみないとまだわからないよ。

③ **Did you enjoy going to London?**
ロンドンは楽しかった？

第8章　Various Events

[１] Father's Day

- **Happy Father's Day, Daddy!**
  父の日おめでとう、パパ！
- **Aww thank you!**
  あぁ、ありがとう！
- **Look what I made for you!**
  パパのために僕が作ったのを見てくれる！
- **What's this?**
  これは何？
- **It's a card I made for you at nursery. Do you know what it says?**
  ナーサリースクールで作ったカードだよ。なんて書いてあるかわかる？
- **Let me look. It says "Daddy - I love you to the moon and back"!**
  どれどれ。『パパ、ものすごく愛してるよ』と書いてあるね！
- **And I drew a rocket and stars on the front.**
  カードの表にお星さまとロケットも描いたよ。
- **Wow, thank you Mark, it's great!**
  ワーオ。ありがとうマーク、すばらしいよ！
- **Here's my card, Daddy.**
  私のカードよ、パパ。

"I love you to the moon and back"　➡ p96 Coffee Break

父の日

 : It has a shirt and a tie on the front.
カードの表にシャツとネクタイがあるの。

I could've done a soccer shirt but I know you don't like soccer.
サッカーのシャツにすることもできたんだけど、パパはサッカーが好きじゃないって知ってるから。

And you're always working and look really good in your suit.
それにパパはいつもスーツで仕事してて、とても似合ってるし。

 : That's amazing! Thank you Sophia.
すごいね！ ありがとう、ソフィア。

 : See what it says inside.
中になんて書いてあるか見てね。

 : It's says "Happy Father's Day Daddy, you're "AWOUSOME".
『パパの日おめでとう。パパは素晴らしい』って書いてある。

But that's not how you spell "AWESOME" is it?
だけど、『AWESOME』のスペルが間違ってるよね？

 : Oh, hehe. (she laughs)
ああ、へへ（ソフィア、笑う）

---

could've done ～➡ p128 (57)『もし～だったら～しただろう／～できたのに』

soccer サッカー（米語）＝ football（英語）

awesome もともとは畏敬の念を表す言葉で「荘厳な」「畏怖の念を起こさせる」という意味。現在は「素晴らしい」「すごい」「最高（イケてる）！」のような意味でも使われています。

Vocabulary Building

(57)『もし〜だったら〜しただろう／〜できたのに』

could've / would've / should've + 動詞の過去分詞

「もし〜だったら〜しただろう／〜できたのに」「〜すべきだったのに」という言い方は日常会話でよく使われます。助動詞のcould, would, should が用いられますが、下記のようなニュアンスの違いがあります。

could have + 動詞の過去分詞 『もし〜だったら〜できたのに』	・I could've done better if I had more time to study. もっと勉強する時間があったらもっとよくできただろう。
『〜しようと思えばできたけど、あえて〜しなかった』 （後悔してない）	・She could've gone to any college she wanted to. 行こうと思えば彼女ならどの大学にも行けただろう。
would have + 動詞の過去分詞 『もし〜だったら〜しただろう』	・I would've told you if I had known it. もし知っていたら君に話していたよ。 ・I would've made a salad if I had known they were vegetarians. 彼らがベジタリアンと知っていたらサラダを作ったのに。
『もし〜だったら〜しなかっただろう』	・If I had known, I wouldn't have done that. もし知っていたら、そんなことしなかった。
should have + 動詞の過去分詞 『〜すべきだった／すればよかった』 （そうしなかったことを後悔）	・I should've listened to my mother. 母の言うことを聞いておくべきだった。 ・I should've gone on a diet before summer vacation. 夏休み前にダイエットしておけばよかった。
『〜しているはず（推量）』	・They should've arrived at the airport by now. 彼らはもう空港に着いているはずだ。

[1] Father's Day

Coffee Break

『もし私が〜だったら〜するだろう』
"If I were 〜, I'd (I would) 〜"

"If I were you, I'd apologize to him."
『もし私があなただったら、彼に謝るだろう。』

"If I were you, I'd see a doctor about that persistent cough."
『もし私があなただったら、そのしつこい咳について医者にかかると思うよ。』

"If I were a human being, I would never abandon my pet. They are just as important to me as family whom I cherish for a lifetime."
『もし私が人間だったら、決して私のペットを捨てたりしないでしょう。私にとって彼らは家族同様、生涯にわたって大切に慈しむ存在です。』

"Dear Santa,
Please, please listen to my wish….."
『親愛なるサンタさん、
どうかどうか私の願いを聞いてください…』

"Please find forever homes for all the homeless cats and dogs by the end of this year."
『お家のないすべての猫や犬たちに終の棲家を今年中に探してあげてください。』

第8章 Various Events

[2] Teacher's home visit

: Daddy, when is my teacher coming round?
パパ、僕の家庭訪問の先生はいつ来るの？

: At around half past 2.
2時半頃だよ。

: Will she stay long?
長くいるつもりかな？

: I'm not sure. We'll just have to wait and see.
わからないよ。どうなるかな。(door bell rings　玄関のベルが鳴る)

Teacher: Hi Mark, my name's Ms. Dell. I'm going to be your teacher.
ハイ、マーク。私はデルといいます。もうすぐあなたの先生よ。

: Hello, Ms. Dell.
こんにちは、デル先生。

Teacher: Can you write your name?
自分の名前を書けますか？

: m – a – r – k
エム – エイ – アール – ケイ

Teacher: Well done. And how many pens do I have?
よくできました。では、私はペンを何本持っていますか？

: 1, 2,....3!
いち、にー、さんぼん！

Home visit 家庭訪問 ➡ p132 Coffee Break

wait and see　様子をみようね、（様子をみなければ）まだわからないよ。
➡ p122 ㊾『〜がどうなるか様子をみよう』

[2] Teacher's home visit

先生の家庭訪問

Teacher: **Good work, Mark.**
Now how many people do you have in your family?
よくできましたね、マーク。では、あなたの家族は何人ですか？

 : **Mommy, Daddy, Sophia and me.**
That makes 4 people!
ママ、パパ、ソフィアと僕なので、4人です！

Teacher: **I see. Are you looking forward to starting school in September?**
そうなのね。9月に学校が始まるのが楽しみですか？

 : **Yes. Lots!**
はい、とっても！

Teacher: **What do you think you'll enjoy the most?**
何を一番楽しみにしていますか？

 : **Playing outside in the sandpit and reading loads of books.**
外の砂場で遊んだり、たくさんの本を読むことです。

Teacher: **Fantastic, Mark！ We're really excited to see you after the summer.**
素晴らしいわ、マーク！ 秋に学校で会えるのがすごく楽しみだわ。

---

be looking forward to ＋名詞（または動名詞、動詞ing）〜　〜を楽しみにしている
sandpit 子供が遊ぶ砂場（英国）（米国ではsandbox）
loads of = lots of 意味は同じ「たくさんの」ですが、lots ofは米国で、loads of はイギリスでよく使われます。

第8章　Various Events

Coffee Break

Home Visit　家庭訪問

プレスクールの子ども達の家庭訪問は実施している国としていない国があります。たとえば英国では9月の時点で4歳の子どもは、『レセプション』というプレ小学校のようなコースに通うのが普通で、レセプションが始まる少し前に、担当の先生になる予定の人が子どもの家庭環境を見るために家庭訪問をすることがあります。なお、英国では5歳から小学生になります。

Home Visit Reminder

Dear _____

In preparation for your child starting at school,
I would like to visit you and your child at your home:

Date: _____
Time: _____

If this is not possible, please let me know as soon as possible so we can reschedule it to fit everyone. Thank you!
I'm looking forward to meeting you both!

Name: _____
(Reception Class Teacher)
Contact at: _____

[2] Teacher's home visit

"Hello, can I come in please?"
『こんにちは、入ってもよろしいですか?』
"Welcome! Please, come on in. Let's talk over a cup of tea!"
『ようこそ! どうぞ、お入り下さい。お茶を飲みながらお話ししましょう!』

[3] Going to London

 : Did you enjoy going to London yesterday?
昨日はロンドンに行って楽しかった？

 : Yes I did! It was really fun going to the science museum.
うん、楽しかった！ 科学博物館がすごく楽しかった。

 : What did you enjoy the most about it?
科学博物館では何が一番楽しかったの？

 : I enjoyed learning about space the most.
宇宙について学んだことが一番楽しかったよ。

 : I really liked all the old cars.
僕は古い車が全部好きだったよ。

 : Can you remember how many people have walked on the moon?
今まで何人が月を歩いたか覚えてるかな？

 : 12! Definitely 12.
12人！絶対に12人だよ。

 : That's right! Well done.
その通り！よくできたね。

 : And what's the farthest planet from the sun?
じゃあ、太陽から一番遠い惑星は何？

 : Hmmmmm. Is it Neptune?
ウ〜〜〜〜ン。海王星(ネプチューン)かな？

---

space 宇宙、planet 惑星、dwarf planet 準惑星 ➡ p136 Coffee Break

[3] Going to London

ロンドンに行く

: That's right! Previously, it was considered to be Pluto, but Pluto is now considered to be a dwarf planet. So, that is correct.
正解！以前は冥王星と考えられていたけど、冥王星は今は準惑星と考えられているから、海王星が正解よ。

: Did you enjoy going on the train?
列車に乗ったのは楽しかった？

: Yes. But, it was a little squashed at times.
うん。時々ちょっと押しつぶされそうだったけどね。

: It can get quite busy.
ものすごく混むことがあるのよね。

: I wish we had gone to see the Queen at Buckingham Palace.
バッキンガム宮殿のエリザベス女王に会いに行けたらよかったんだけど。

: We can do that next time, darling.
今度行くときはそうしようね、かわいこちゃん。

: And go to the London Zoo?
ロンドン動物園にも？

: Sure! Sounds like a great idea.
もちろんよ！いいアイデアね。

---

considered to be 〜と考えられている
squashed　押しつぶされて、ぺしゃんこで（squash の過去分詞）
レモンスカッシュのスカッシュはレモンを『押しつぶして搾った』意味の和製英語（海外で注文する際はlemonade）。
get quite busy ものすごく混雑する

Coffee Break

人類、月に行く！

1969年7月16日、3名を乗せた米国のアポロ11号が月に向けて出発、7月20日、ニール・アームストロングとエドウィン・アルドリンの2名が人類として初めて月に到着して歩き、アメリカ国旗を立てました。その様子をマイケル・コリンは船内から写真に撮りました。3名は7月24日、無事に地球に生還。ジョン・F・ケネディ大統領の念願がかなった瞬間でした。

太陽	Sun	木星	Jupiter
水星	Mercury	土星	Saturn
金星	Venus	天王星	Uranus
地球	Earth	海王星	Neptune
火星	Mars	冥王星	Pluto

◎**惑星（planet）とは下記の条件を満たすもの：**
 （1）太陽のまわりを回っていること
 （2）十分に重くて重力が強いために丸い球形であること
 （3）その天体の軌道周辺に衛星以外の天体が存在しないこと

◎**準惑星（dwarf planet）とは：**
『太陽の周りを公転している天体で、惑星の定義（上記）を満たさないもので、大型の天体』とされています。以前は惑星と考えられていた冥王星がその後、準惑星に変更されました。

◎**space と universe**
いずれも『宇宙』の意味ですが明確な違いがあります。Universe は地球を含めた広大な宇宙全体を、space は地球の大気圏の外側の宇宙空間を指しています（すなわち、space は universe の一部）。『宇宙旅行に行く』のは地球の大気圏外の宇宙空間に行くことなので、"go on a journey into space", "go on space travel" のように space を使います。

[3] Going to London

"Hop, step, jump!"
『ホップ、ステップ、ジャンプ！』
"I want to speak English fluently, and do business globally!"
『英語が流暢に話せるようになって、国際的にビジネスをしたい！』

Appendix 1

『ほめる』『励ます』時の表現

ひとことでほめる！『よくやったね！／すごいね！／最高！』

Super!	Great!	Terrific!
Excellent!	Wonderful!	Fantastic!
Awesome!	Superb!	Perfect!
Sensational!	Clever!	Outstanding!
Congratulations!	Marvelous!	Tremendous!
Amazing!	Brilliant!	Incredible!

短くほめる『いいぞ！／よくやった！／すごいよ！／その調子！』

Well done!	Good job!	Great job!
That's great!	That's really nice!	Way to go!
You rock!	Thumbs up!	Right on!

『よく頑張ったね！／よくやった！／でかした！』

Good work!	Good for you!	That's the way!

やる気を引き出すほめ方

You're such a good boy/girl!	なんていい子なの！
I'm so proud of you!	すごいね！（よくやったね！）。
You're very thoughtful.	君はとても思いやりがあるね。

That's coming along nicely.	順調に進んでいるね！
You're really doing fine.	本当によくやってるね！
You did that very well.	本当によくやったね。
You've done a great job!	よくできたね！

その調子で頑張って、と励ます

Keep it up!	頑張って！
Keep up the good work!	その調子で頑張って！
Keep on trying!	
Keep working on it.	

努力していることをほめる

I think you've got it now.	よく頑張ったね。
I can tell you've been practicing.	ずいぶん練習してきたんだね。
You're really working hard today.	今日は本当によく頑張ってるね。
I knew you could do it!	君ならできるって思ってたよ！

You're really learning fast. You figured* that out fast.	覚えるのが本当に早いね。 わかりが早いね。
Now you've figured it out. You found a really good way to do it. I think you've got it now.	できるようになったね！ すごくうまくやる方法を見つけたね（戦略をほめる）。 （やり方が）わかったみたいだね！

* figure out 問題などを解決する、意味を理解する

Good job getting up so early!	こんなに早くよく起きたね！
You put your shoes on by yourself.	自分でお靴がはけたね。

もう少しだから頑張ろう、きっとできる、と励ます

You're almost there! You've almost got it! (You're very close to reaching your goal.)	あと少しだね！（だから頑張って） （目標まで）あと一歩だ！
Never mind! Try again! You can do it!	気にしないで！もう一度やってみよう！ 君ならきっとできるよ！

よくなっているね、と励ます

You're really improving. You'e doing that much better today. You're getting better every day!	本当によくなっているね。 今日はずっとよくなってるね。 毎日良くなってるね！
You've got it made! (=You already have everything you need to succeed!)	成功間違いなしだね！ （成功するためのすべてがそろっているよ！）
(You) couldn't have done it better! You've won our hearts and souls!	最高の出来だったよ！ 君は私達の心と魂を魅了したよ！
Mistakes are wonderful opportunities to learn. We all learn by making mistakes. (Mistakes help us learn.)	間違いは学ぶための素晴らしい機会だ。 私たちはみんな失敗から学ぶんだ。

Appendix 2

『注意する』『叱る』時の表現

感情的に『怒らずに』注意する

Please don't do that.	お願いだからそんなことしないでね。
Don't be so rude!	そんなに失礼なことはしないの！（失礼な態度はとらないの！）
Can you stop that please? I asked you to stop doing it.	それをやめてくれる？ やめてってお願いしたでしょ。
I said stop! Be a good boy (girl) please.	やめてって言ったでしょ！ いい子にしてね。
No! That's very naughty.	だめだよ！とても行儀が悪いよ。
That wasn't very nice, was it?	あまりよくないことだったよね？そうでしょ？
Go sit in the corner until you calm down.	落ち着くまで隅に行って座っていなさい。
Go sit in the corner, hands on your knees. Be quiet.	隅に行って、手は膝の上に置いて座りなさい。静かにしていなさい。
You can sit there and think about what you've done.	そっちに座って自分がやったことを考えてみなさい。
How would you like it if someone did that to you?	だれかが同じことを君にしたらどう思うかな？
Stop annoying your brother – you know he's smaller than you. Don't tease your brother.	弟が嫌がることはやめなさい。あなたは年上でしょ。 弟をからかうのはやめなさい。
You know better than to do such a thing.	そんなことをするほどおバカさんじゃないよね。 （そんなバカなことはしないよね）
Why don't you make up with him? Why don't you try and make up with him?	彼と仲直りしたらどう？ 彼と仲直りするように努力したらどうかな？
Don't talk back to mommy.	ママに口答えしないの。

No hitting / No pinching / No punching / No biting / No scratching!	たたいちゃだめ／つねっちゃダメ 殴っちゃダメ／噛みついちゃダメ 引っかいちゃダメ！
It's not nice to hit someone.	人をぶつのはよくないことだよ。
Both of you, please do as you're told.	ふたりとも、お願いだから言われたとおりにしてよね。
Behave yourself. This is very bad behavior.	お行儀よくしなさい。 すごく行儀が悪いよ。
I'm not telling you again.	もう二度と言わないからね。
Say excuse me.	すみませんって言いなさい。
Say sorry to him.	彼に謝りなさい。
Go and apologize to her.	彼女に謝って来なさい。
Apologize for what you did (to him).	あなたが（彼に）したことを謝りなさい。
Apologize for saying such a thing.	そんなことを言ったことを謝りなさい。
Don't run around here. It's very dangerous.	ここで走り回らないの。 すごく危険だよ。
It's not your turn yet. Wait your turn please.	まだ君の番ではないよ。 君の番まで待ちなさいね。
Don't be such a baby! You are no longer a baby!	甘えないの！ もう 赤ちゃんじゃないでしょ！
She was playing with that. Please give it back to her.	彼女がそれで遊んでいたんだよね。 彼女に返しなさいね。
You are too noisy.	うるさすぎるよ。
Your voice is too loud.	声が大きすぎるよ。
Be quiet. Tone it down, please.	静かにして。 もう少し小さな声にして、お願いだから。

索引 Index

【あ】

愛情を込めた呼び方	32
仰向けに浮く	62
飽きる／飽きてきた／飽き飽きだ	58
あくびする	16
味を表す形容詞	33
足台	24
焦って結婚するつもりはない	27
温かくなる（水が）	24
頭がパンクしそう	115
あちこちに	84
あと一歩だ	139
あと5分寝かせて	12, 13
あと少しだね！	139
あとで	39
あなたは年上でしょ	140
アヒルの子	61
あべこべに	84
甘えないの！	141
あまりよくないことだったよね？	140
雨が降っている／雨が降るでしょう	70, 71
謝りなさい	110, 141
（〜まで）歩いて3分	116

【い】

いい加減にして	43
いい子にしてね	140
いいぞ！	138
言いたいことがあるなら言ってごらん	110
いい天気	70
いい匂い	38
（〜は）いかが？	54
怒りを爆発させた	21
息を吸う	65
息を止める（水の中で）	63, 65
行く準備をする	61, 72
医者にかかると思う（もし私だったら〜）	129

急いで	25, 27
急がせてすみません	27
急ぐ必要はない	27
位置について、用意、スタート！	72
一番好きな〜は？	45, 56
一列に縦に並ぶ	120
一緒にやる	82
行ったり来たり	84
行って置く（動詞2つを続ける）	37
言ってることがわかりますか？	113
イラつくよ	113
言われたとおりにして	141

【う】

浮く	62
浮くための道具（浮き輪、腕輪、その他）	64
動かないで／動くな	20
後ろに動く／後退する	84
後ろ前逆に（あべこべに）	84
宇宙	134, 136
（あくびが）うつる	17
腕を袖に通す	19
うまく行くかどうかみよう	122
うまくやる方法を見つけたね	139
裏返しに／ウラオモテに	84
うるさすぎる	141
運がいい	66
うんざりだ	58
ウンチ（幼児語）	95
うんてい	68

【え】

映画に行く	54
影響力が強い	114
英語が流暢に話せるようになって〜したい	137
英語に強い	114
円を描くように	83

【お】

横断歩道	121
お家の中で遊ぶ	45
大慌てで／大急ぎで	79
大きな声で	24, 26
大酒飲み	114
起きてるよ	12
起きなさい／起きて／起きる時間	12
お気の毒です	112
お行儀が悪い	104, 140, 141
遅れる／遅刻する／遅れるかも	20
お言葉ですが	112
お酒に強い	114
オシッコ（幼児語）	95
お食事をごゆっくりお楽しみください	40
遅くまで寝る（意識的に）	106
遅すぎる	117
落ち着くまで	140
お茶を飲みながら話しましょう	133
落ちる	67
弟をからかうのはやめなさい	140
弟が嫌がることはやめなさい	140
弟に優しくしなさい	47
お腹が空いた	38, 40
お腹が空いて死にそうだ	40
オナラ（幼児語）	95
鬼になる	72, 73
お姉ちゃんでしょ	45, 47
（丁寧に）お願いする	50
おはしの使い方	65
おはしの正しい持ち方	65
お風呂に関連する表現	88
お風呂に入る	86, 88
お風呂の用意をする	86, 88
覚えるのが本当に早いね	139
おめでとう	62
思いやりがある	138
おもちゃを片づける	77, 78, 80
おやつを食べていい？	40
お湯で顔を洗いたい	24
泳げない	63
オリンピックの金メダル	63
終わったよ	41, 83

【か】

顔を洗って	24
顔を水につける	63
顔に当たる	57
科学博物館	134
隠れる	73
かくれんぼする	72
片足を上げて	17
片づける	78, 80
学校から帰ったら	29
家庭訪問	125, 130, 132
我慢の限界に達する	21
髪を洗う	87
噛むときは口を閉じて	42
代わってあげる	67, 69
頑固な	114
間投詞とあいづち	55
頑張ったね	138
頑張ってもう少し食べてごらん	35
頑張れ！	63
カンニングする	51

【き】

着替える	13, 18
着替えを手伝う	16
〜を着ている	18
気にしないで	139
君の番	69, 141
君ならできる	139
休憩する	115
今日はずっとよくなっているね	139

行儀よくしなさい	141
行儀が悪い／行儀悪くふるまう	104, 140, 141
（〜という）共通点がある	103
共有する	103
恐竜	104, 105
ギリギリだ／ギリギリの行動をする	119

【く】

くすくす笑う	17, 19
くすぐったい	17
ぐずる	15
口をゆすぐ	83
口答えする	140
口先で言うだけ／口先ばかり／口先だけの	79, 81
ぐらぐらする（歯が〜）	102
ぐらぐらする（揺れる）	72

【け】

げっぷがでたときは「すみません」と言いましょう	42
煙が目にしみる（しみて痛い）	89
ケンカはやめなさい	47

【こ】

合格する	62
降参する	111
交代する	69
後退する	84
声を出して笑う	19
声が大きすぎる	141
こぐ（ブランコを）	66, 68
ここで走り回らないの	141
ゴシゴシこする	87
ご愁傷様です	112
こすって落とす	87
こする	87
コツ	56
〜ごっこする／ごっこ遊び	74
言葉遊び	52
ご飯よ	29, 32
ごまかしをする	51
ゴミを拾う	81
（ものすごく）混雑する	135

【さ】

最高の出来だったよ	139
さっぱりわからない	113
左右に	84
皿を片づける	80
三人兄弟の真ん中	51
残念です	112
散歩に行く	66

【し】

塩が足りない	40
『叱る』ときの表現	140, 141
時間がない／時間切れ	11, 16, 21
時間に余裕をもって	118
時間の制限	53
仕事で出張している	116
歯周病	102
静かにして	141
シーソー	68
しっかりつかむ	120
しっかり持つ	67
じっとして	17, 20
失敗から学ぶ	139
失礼なことはしないの	140
〜していただけると幸いです	50
〜しているはず	128
〜してくれる？／していただけますか？	49
〜してもいい？／〜してもよろしいですか？	48

索引 Index

しとしと降る	70
歯肉炎	102
自分がやったことを考えてみなさい	140
自分でできる	13, 82
社交辞令	81
シャツをズボンに入れる	94
シャワーキャップをかぶる	87
ジャングルジム	68
じゃんけんする	45, 46
じゃんけんで決める	46
渋滞に巻き込まれた	20
十分な時間／お金があるはず	119
十分に〜でない	40
10まで数える	72
宿題をする	66
順番を待つ	68
（〜の）準備をする	72
上下逆さまに	84
上下に	83, 84
冗談にもほどがあるよ	112
〜しようと思えばできただろう	125, 127, 128
食物繊維が豊富で〜	31
食感を表す形容詞	33
しりとりで遊ぶ	45, 52
心配しないで	118
心配性	117

【す】

好き嫌いせずに残さず食べましょう	42
すぐに	79
すごい食欲だ	40
すごいね！	25, 26, 62
スーツが似合ってる	127
砂場	68, 98
素晴らしい朝よ！	12
素晴らしいね！	26
スプーンを舐めないこと	42
ずぶ濡れ	70
〜すべきだった／すればよかった	128
すべり台	68, 73
スペルが間違っているよね？	127
隅に行ってすわっていなさい	140
ズルをする	46, 51
ズルズル音を立ててスープを飲まないで	42
〜するにはあまりにも〜だ	40
〜する方法	65

【せ】

成功間違いなし	139
精力的な	114
急かされている感じ	109, 117
石鹸で／せっけんをつけて	39, 41
絶好調	54
前後に	84
前進する	84
全方向を見る	121

【そ】

外で遊ぶ	61
外に行く	72
その調子（で頑張って）	83, 138
その通り	99
そんなことをするほどおバカさんではないよね	140

【た】

大嫌い	43
たくし入れる	94
たたいちゃだめ！	141
ただちに	79
（〜が）楽しみ	131
食べつくす	40
食べているときはテレビを見ないで	43
食べ放題	40

食べるに関連する表現	40
玉子はどんなふうにしたい？	35
玉子の焼き方	37
（人を）だます	51
試してみよう	121, 122
だらしなく見える	94
たらふく食べる	40
足りなくなる	21
だるまさんがころんだ	75

【ち】

ちくちく痛む	87
遅刻する／遅刻した	20
窒息しそうになる	110
ちゃんと（磨く）	25

【つ】

終の棲家（ついのすみか）	129
つかまえに行く	73
疲れた一日の終わり	87
つねっちゃだめ！	141
強い（いろいろな意味の）	114

【て】

手を洗う	38, 39, 41
手を乾かす	41
でかした！	138
できる限り～／できるだけ～	57, 59
できるかどうか…	52
手すりをしっかりつかむ	120
手伝ってあげる	82
手伝ってくれる？	49
手にはばい菌がいっぱい	38, 39
手の甲（両手の甲）	41
テーブルに肘をつかないで	42
テーブルマナーいろいろ	42, 43

電気を消す／電気を点ける	105
天気関連の表現	70, 71
電話に出る	81

【と】

～はどう？／～はどうするの？	54
どうして遅刻したの？	20
どうなるか様子を見てみよう	122
道路を渡る	121
遠すぎる	72
度が過ぎる／度を越している	110～112
～と考えられている	135
時計回りに	84
年下です	51
どしゃ降りだ	70
どのようにしたいですか？	35, 37
取り替える（交換する）	99
取りに行く（動詞2つを続ける）	37
どんどん良くなっているね！	139
どんな種類の～	31

【な】

長くいる	130
仲直りする	140
何月何日	36
何時何分の表現	21
何曜日？	34, 36

【に】

二度と言わない	141
二度とやらないように	111
ニヤニヤする	19

【ぬ】

ぬいぐるみ	78

索引 Index

【ね】

寝かしつける	106
寝過ごす／寝坊する	20, 106
ねぼけまなこで	16
（まだ）眠い	12
眠そうな目をしている	16
眠りにつく／眠りに落ちる	105, 106
眠れない	106
寝る	106
寝る時間	91, 92
寝る前にすること	77
寝る前のオシッコ	92, 95

【の】

残さず食べる	40
喉が渇いた	40
〜のしかた	65
飲み放題	40

【は】

〜はいかが？（〜はどうする？）	54
バイ菌がいっぱい	38, 39
ハイタッチ（する）	121
歯を磨く	24, 82, 85
歯が抜ける	98, 100, 102
歯が生える	102
吐き出す	83
パジャマを脱ぐ	13
バスが完全に止まる	120
バスが来た	117, 121
歯と歯茎を健康に保つ	25
歯に関連する表現	102
歯の外側・内側	85
歯の妖精	99 〜 101
バンザイして（両手をあげて）	17, 18
反時計回りに	84

半端ないって！	26, 27

【ひ】

ビデオゲームで遊ぶ	45, 56
ひとりで〜／ひとりだけで〜	15
（目にしみて）ヒリヒリする	89

【ふ】

不機嫌になる	12, 14
不器用だ	47
服を着る	18
服を脱ぐ	18
（お口を）ぶくぶくする	83
（〜が）不足する	21
踏みつける	78
ブランコを漕ぐ	66, 68
ブランコで遊ぶ	68
ブランコに乗る	61, 66, 68
（〜の）ふりをする	74

【へ】

ベッドから出て	12
部屋を片づける	80

【ほ】

僕にできるかな	45, 52
ボタンを掛ける	19
ボタンをはずす	19, 86
微笑む	19

【ま】

まあだだよ	73
参ったと言え！	111
毎日良くなってるね！	139

枕投げ	109, 110
まだ起きてないの？	12, 14
まだ終わってない	80
まだ十分に〜でない	29, 38, 40
まだ食べ足りない	40
まだ足りない	40
まだ眠いよ	12
まだ寝てないの？	14
間違いは学ぶための素晴らしい機会だ	139
（3人兄弟の）真ん中	51

【み】

右を見て、左を見て、右を見て	120
水の中で息を止める	63
見つけた！	73
醜いアヒルの子	62

【む】

むくれる	10, 14, 15
虫歯	24, 25, 102
虫歯がない	25
虫歯になる／虫歯ができる	24, 102
むしろ〜する／したい	66
むずかる	15

【め】

目が痛い	87, 89
目が焼けるように痛い	89
目を開けていられない	93
召し上がれ！	40
目にしみる	87, 89

【も】

もう赤ちゃんじゃないでしょ	141
もういいかい？／もういいよ	73
もう一度言って	26
もう一度やってみよう	139
もう終わった	80
もう時間がない	16, 21
もう少し大きな声で／小さな声で	26
もう食べたくない	35
もう食べられない	29
もう寝る時間	91, 92
毛布でくるむ	92, 94
もし〜だったら〜しただろう／できたのに	127, 128
もし私が〜だったら〜するだろう	129
もっと食べていい？	40
元にあったところに戻す	77, 78, 80

【や】

奴をやっつけろ	57
やったあ〜！	62
やってみよう	109, 121, 122
やり方がわかったみたいだね	139
やり過ぎだ	110〜112

【ゆ】

優雅に	64
ゆすぐ	83

【よ】

曜日	36
『洋服を着る』に関連する表現	18, 19
よく頑張ったね！	138
よく聞こえる	11, 24
よくできたね！	138
よくなっている	139
よく眠れなかった	14
よくやったね！	138
余裕を持って	117, 118

索引 Index

45度の角度に	85

【り】

両手（両腕）をあげる	18
両手を頭の上に置く	18
両手をこする	41
流水で（水を流しっ放しにして洗う）	39, 41

【れ】

例文を覚えるしかない	54
列に並ぶ	68

【わ】

分かち合う（感情や経験など）	103
わかった／了解	105, 107
（やり方が）わかったみたいだね	139
わからない	52, 130
わかりが早いね	139
わかるよね？／わかりますか？	109, 110, 113
惑星	93, 136
わけがわからない	113
私たちの心と魂を魅了したよ	139
私たちはみんな失敗から学ぶんだ	139
わめく	24
笑い方にもいろいろ	19
割り込まないでください	69

Hopefully, this index will be useful to* readers!
願わくば、この索引が読者に有用でありますように！

* useful to somebody, useful for something/somebody.

Authors Profile

Kristen J. Lowndes was born and raised in Canada, loves music, fine arts and animals. She has travelled around the world and currently lives in Japan with her husband and daughter.

Kristen schooled in Psychology and Human Resources Management. She has her English teaching certificate (TEFL) and had taught English since her arrival in Japan until she got married. Currently, she enjoys her part time profession editing and illustrating children's books. As she continues to grow her family they look forward to travelling and experiencing new places together.

クリステン・J・ラウンズ　カナダ出身。音楽、絵画・美術工芸、動物を愛する。世界各地を旅してきたが、現在は夫と娘と日本在住。大学では心理学と人事管理を学ぶ。TEFL (Teaching English as a Foreign Language 外国語としての英語教授法)の資格を有し、来日後は英語を教えていたが、結婚して娘の誕生以降、育児の合間をぬって子どもの本の編集やイラストを描いている。娘が大きくなれば、まだ見ぬ景色を求めて家族旅行したり、滞在することを楽しみにしている。

寺尾和子　千葉大学薬学部卒業　薬剤師　英検1級
大手製薬企業（国内＆外資系）、大学病院薬剤部勤務等を経て、医学出版業界に転向（国際的医学出版社）。
　その後独立して医学出版社メディカル パースペクティブス（株）を設立し、医薬品業界の情報誌（日・英二ヵ国語）を創刊、ロンドンに英国オフィスを開設。国際医学会議取材・医療記事の執筆のほか、一般書として『書きたい表現がすぐに見つかる英文メール』（共著）、『救済マイケル・ジャクソン』（訳）など（ともにメディカル パースペクティブス 2008, 2011）。健康増進のための情報収集・分析と英語をライフワークとする傍ら、人に見捨てられた猫達の保護活動を行っている。

寺澤恵美子　東京外国語大学卒業　米国シカゴ大学大学院修士課程修了
東京理科大学諏訪短期大学准教授を経て、2002年から20014年まで慶應義塾大学、立教大学、法政大学にて非常勤講師として英語教育担当。現在、二松學舍大学にて非常勤講師として英語教育担当。
　主な著書に『成熟と老いの社会学』岩波講座現代社会学13（共著）（岩波書店 1997）、『女性学事典』（共著）（岩波書店 2002）、『行動するフェミニズム―アメリカの女性作家と作品』（共著）、（新水社 2003）『書きたい表現がすぐに見つかる英文メール』（共著）（メディカル パースペクティブス 2008）ほか
　主な訳書に『老いの泉』（共訳）（西村書店 1995）『太陽に灼かれて』（翔泳社 1998）、『世界のオリーブオイル百科』（小学館 1999）、『更年期の真実』（共訳）（パンドラ・現代書館 2005）、『マザー・ミレット』（共訳）（新水社 2008）、『マイケル・ジャクソン 私たちの天使』（メディカル パースペクティブス 2011）ほか

Other Contributors

柳川史樹　企画・構成協力（生命科学への情熱を心に秘めつつ、ひらめきとアイデアで第2弾の企画を構想中）

Christopher Rawlinson was born and raised in Lincoln, UK. He now lives in Reading (UK) with his wife and two young children. Having a family well suited for this book, he contributed in various aspects for understanding the British culture, customs and traditions, and daily conversations among the family.
英国リンカーン出身。妻と2児の4人家族で、現在、レディングに在住。本書同様の家族構成で、家族の日々の会話や、文化、慣習・伝統など、英国を理解するためのさまざまな面で本書作成に協力。

Narration　Lola Sugimoto（杉本ローラ）、Yuta Wada（和田勇太）、Michael Lee

柳川真輝　制作およびマーケティング全般、音声録音・編集、YouTube担当
　　　　　（軽いITオタク、多少高くても環境に配慮したものを選ぶ、動物大好き）

川合春子　イラストレーター（モデルはいつも家族の一員であるペット達）

稲岡淳一　グラフィックデザイナー（本文＆表紙デザイン）（不断の自己研鑽家）

"Thanks to the internet, we can now make friends from all over the world!"
"Yes, IF we study English hard!"

『インターネットのおかげで、世界中の人と友達になれるね！』
『そうだね、もし英語を一生懸命勉強すればね！』

英会話が100倍楽しく上達!!
ネイティブ表現が身につく英会話

発行日　2019年1月29日　初版

著　者　　クリステン・J・ラウンズ／寺尾 和子／寺澤 恵美子
発行者　　柳川 真輝
発　行　　メディカル パースペクティブス株式会社
　　　　　〒215-0012　神奈川県川崎市麻生区東百合丘 3-26-1-403
　　　　　Tel: 044-978-1027　Fax: 044-978-1028
　　　　　https://www.med-perspectives.co.jp

© 2019 Medical Perspectives. Printed in Japan 　ISBN978-4-944151-26-4 C0082

本書（音声を含む）は著作物であり、著作権法により保護されています。
本書の一部、または全部を著作権者に無断で複製または改変し他人に譲渡すること、
インターネットなどにアップロードすることは法律により固く禁止されています。
違反した場合は、民事上の制裁および刑事罰の対象となることがあります。

本書の会話音声ファイルは下記サイトより無料でダウンロードいただけます。
https://www.med-perspectives.co.jp/native-eikaiwa-book.html

書きたい表現が すぐに見つかる 英文メール

著者：アラン・フォレット／寺尾和子／上田素弘／寺澤恵美子

5つの特徴

1. イラスト満載！
2. 見やすい！
3. 探している表現が すぐに見つかる！
4. 豊富な例文！（フォーマル＆インフォーマル）
5. ひと口メモも役立つ！

定価 本体1900円＋税
ISBN978-4-944151-24-0 C2082
2014年10月 第5刷

英語Eメールの書き方の書は数多く発行されている。しかしながら、いざ書こうとなると、自分が書きたいと思う表現が見つからない、という声を多く聞く。

また、目上の人やビジネスに使用する丁寧語（フォーマル）とフレンドリー（インフォーマル）なメールの言葉の使い分けがわからないという声もよく耳にする。

本書はこのような問題にできる限り対処すべく配慮して企画されたもので、豊富な例文と楽しいイラストが満載！英文メールを書く人の座右の書になること間違いない。

☆ アマゾンおよび書店にて好評発売中　　https://www.amazon.co.jp ☆

発行： メディカル パースペクティブス株式会社　　Tel: 044-978-1027　FAX: 044-978-1028
〒215-0012 川崎市麻生区東百合丘3-26-1-403　URL: https://www.med-perspectives.co.jp